国家自然科学基金项目“移动社会化媒体中基于价值共创的企业负面口碑处理资源的管理方法及系统研究”（71371081）成果

教育部博士点（博导类）基金资助项目“基于价值共创的在线负面口碑处理知识推荐的研究”（20130142110044）成果

在线消费者初步态度矛盾性与口碑信息处理研究

潘晓波 著

WUHAN UNIVERSITY PRESS
武汉大学出版社

图书在版编目(CIP)数据

在线消费者初步态度矛盾性与口碑信息处理研究/潘晓波著．—武汉：武汉大学出版社，2015.9
ISBN 978-7-307-16561-8

Ⅰ.在…　Ⅱ.潘…　Ⅲ.电子商务—消费者行为论—研究　Ⅳ.F713.55

中国版本图书馆 CIP 数据核字(2015)第 196656 号

责任编辑：陈　红　　责任校对：汪欣怡　　版式设计：马　佳

出版发行：**武汉大学出版社**　(430072　武昌　珞珈山)
(电子邮件：cbs22@whu.edu.cn　网址：www.wdp.whu.edu.cn)
印刷：武汉中远印务有限公司
开本：720×1000　1/16　印张：13.25　字数：188 千字　插页：1
版次：2015 年 9 月第 1 版　2015 年 9 月第 1 次印刷
ISBN 978-7-307-16561-8　定价：30.00 元

序

随着我国网民规模的快速发展以及在线购物体系各个环节的逐步完善，在线购物方式已经越来越被更多的消费者采纳，在线购物渗透率也呈现快速提升的趋势。在线购物过程有别于传统实体购买下的方式，其消费者的行为和决策也呈现独有的特征。

在线购物情景下，消费者通常会感受到比传统实体购物情形更为突出的态度矛盾性。商家提供的关于商品的纯正面信息，一方面会促使消费者形成对于商品的积极态度。另一方面，由于信息来源于有利益关联的商家，消费者对信息是否完整、真实具有不确定性；同时，由于信息来源的间接性，对于商品某些具有体验性质的属性，消费者也无法准确判断。这时，消费者会预期商品存在一定的负面信息只是自己还未获取，从而形成基于预期的消极态度。积极态度和预期消极态度一起形成了消费者对于商品的态度矛盾性。消费者对商品态度的矛盾性程度会影响后续消费者的购买意向和购买决策。

在线评价系统在在线购物体系中具有举足轻重的作用，它对潜在消费者具有重要的参考价值。浏览商品评价信息已经成为消费者购买评价和决策过程中所必需的步骤，对消费者后续购买意向具有显著影响。电商已开始采取各种措施维护商品的评价信息，以求其对潜在消费者产生积极作用，并提高转化率。

在线购物的快速发展，已经让已有的电商企业和传统实体企业更多地关注网络零售模式下消费者行为的相关领域，以期为网络营销策划提供指导。本书研究在线购物方式下消费者初步态度矛盾性的形成机制和其对消费者处理口碑信息的影响。

本书首先研究了在线购物方式下消费者初步态度矛盾性形成的

机制。本书根据实际购买环境下，商家提供的关于商品的纯正面性信息的情形，以基于预期冲突型反应的态度矛盾性模型为基本框架，考虑在线购物方式下突出的不确定性因素，根据态度确定性的放大假设，将积极态度确定性纳入模型并结合购买卷入度因素，构建了在线购物方式下，消费者面对纯正面商品信息形成基于预期消极态度的态度矛盾性模型。研究结果显示，在线购物方式下，消费者在面对纯正面商品信息时，会形成基于预期的消极态度而形成初步态度矛盾性；消费者根据商家提供的商品信息形成对于目标商品的积极态度和积极态度确定性，积极态度和积极态度确定性越高时，预期消极态度越低；预期消极态度正向影响初步态度矛盾性；积极态度、积极态度确定性对初步态度矛盾性的影响完全通过预期消极态度发挥作用。

本书以偏颇吸收理论原理为基础，研究了在线消费者初步态度矛盾性对其口碑处理的影响。本书通过研究实验，比较初步态度矛盾性高、低分组的被试在面对正、负面口碑时其口碑信息处理过程和处理结果的差异。实验结果显示，面对正面口碑时，初步态度高矛盾性分组被试相对于低矛盾性分组被试信息量阈值较高，投入较多的加工努力，更难以接受口碑信息，对于口碑信息质量更为敏感。面对负面口碑时，初步态度低矛盾性分组被试相对于高矛盾性分组被试投入较多的加工努力，更难以接受口碑信息。研究实验还发现，无论正面口碑还是负面口碑，高质量口碑信息对于在线消费者态度矛盾性的影响更大；负面口碑对于消费者态度矛盾性的影响具有加速递增趋势，即随着总体负面口碑的增加，等价的负面口碑对于消费者态度矛盾性的作用越来越大。

研究结论为电商企业降低消费者对于目标商品的态度矛盾性提供了参考。在线购物下基于预期消极态度的态度矛盾性模型提示，提高消费者的积极态度和积极态度确定性是降低其预期消极态度、态度矛盾性的关键。商品信息页面设计一方面要关注正面信息的内容，另一方面需要采取各种有效的方式提高内容的可信度。研究结论也提示，初步态度矛盾性会影响口碑信息对于消费者的作用。初步态度矛盾性低时，消费者更容易受到正面口碑的积极影响，较少受到负面口碑的消极影响；初步态度矛盾性高时，消费者更容易受到负面口碑的消极影响，较少受到正面口碑的积极影响。这更提示电商企业优化商品信息页面的设计，降低消费者初步态度矛盾性才能最有效地发挥正面口碑的积极作用，减少负面口碑的消极影响。同时，电商企业在注重积累正面口碑的同时，也应该注重提高正面口碑的信息质量，以提高单个正面口碑的积极影响。负面口碑作用的加速递增趋势提示，电商企业应注重对于负面口碑量的控制，合适的售后措施将负面口碑控制在一定范围内是有益的。

本书的研究深入探讨了在线购物方式下的消费者态度矛盾性的形成模式及其对后续消费者口碑信息处理的影响，对在线购物消费者行为相关领域的理论研究和实际应用具有较强的参考价值。在本书出版之际，我很乐意将其推荐给读者。

目　　录

1 绪　　论

1.1 研究背景

1.1.1 在线购物的快速发展

网络购物指通过网络通信手段缔结的商品和服务交易，主要指发生在企业与个人(B2C)和个人与个人(C2C)之间的交易。用户通过互联网检索商品信息，并通过电子订购单发出购物请求，然后通过在线直接支付或者货到付款方式进行支付(中国互联网络信息中心，2014)。

随着我国网民规模的快速发展以及在线购物体系各个环节的逐步完善，在线购物方式已经越来越被更多的消费者采纳，网购渗透率(指半年内在网上购买过商品或服务的用户数量占半年内上过网的居民数量的比例)也呈现快速上升趋势，具体数据如图 1-1 和图 1-2 所示(中国互联网络信息中心，2014)。2013 年网络购物市场继续快速发展，交易金额达到 1.85 万亿元，较 2012 年增长 40.9%。2013 年网络零售市场交易总额占社会消费品零售总额的 7.9%。截至 2013 年 12 月，我国网络购物用户规模达到 3.02 亿，较上年增加 5987 万，增长率为 24.7%，使用率从 42.9%提升至 48.9%(中国互联网络信息中心，2014)。网购用户规模的快速扩张为网购市场的发展奠定了良好的用户基础，释放出巨大的市场潜力。在线购物的快速发展，已经让已有的电商企业和传统实体企业更多地关注网络零售模式下消费者行为的相关领域，以期为网络营销策划提供指导。

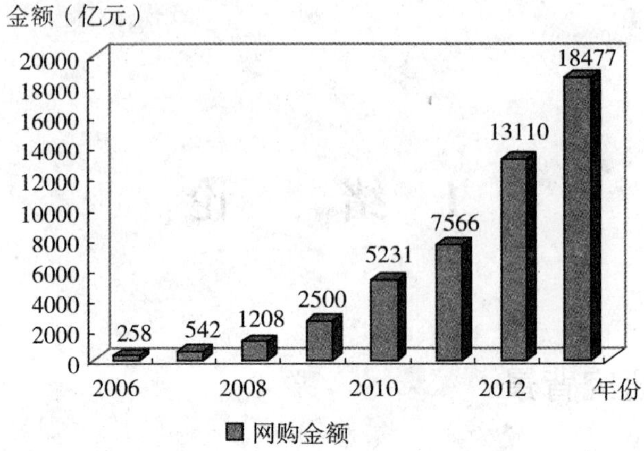

图 1-1　2006—2013 年中国网购交易金额

数据来源：中国互联网络信息中心《2013 年中国网络购物市场研究报告》。

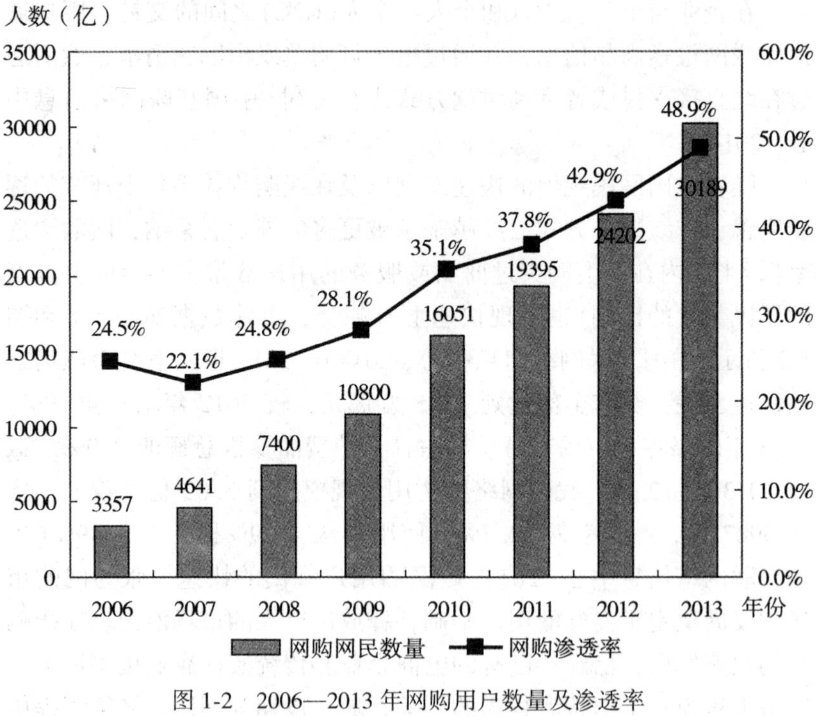

图 1-2　2006—2013 年网购用户数量及渗透率

数据来源：中国互联网络信息中心《2013 年中国网络购物市场研究报告》。

1.1.2 在线购物突出的消费者态度矛盾性

个体的态度矛盾性指个体对于目标对象同时具有积极态度和消极态度，为个体带来主观认知上的矛盾性和冲突感(Conner & Sparks, 2002)。随着研究的不断进展，态度矛盾性也引起了消费者领域学者的关注。Otnes 等(1997)首次在心理学和社会学关于态度矛盾性研究的基础上，将态度矛盾性引入消费者领域，并提出了消费者态度矛盾性的定义。Otnes 等(1997)对新娘置办婚礼用品过程进行跟踪，通过案例分析方法，对新娘矛盾性和冲突性的态度进行了研究。Otnes 等(1997)对消费者态度矛盾性进行了定义——消费者态度矛盾性是消费者同时或依次感受到多种情感状态，是内部因素、外部目标、人群因素、组织因素及文化现象在面向市场的背景下相互作用的结果；其会直接或间接地影响消费者购买前、购买中和购买后的态度和行为。这一定义首次将态度矛盾性放置到了微观消费领域。定义较好地结合消费市场环境下的外在因素和驱动因素，归纳了消费者态度矛盾性前置因素的来源并指出消费者态度矛盾性对消费者的行为、态度等具有影响，明确了其对于营销领域研究的意义和价值。

在线购物方式是新兴的购物模式，相对于传统购物方式呈现前所未有的特征。一方面，在线购物方式为消费者带来传统方式下没有的感知收益，可以分为功能性收益和非功能性收益。功能性收益主要与实用性效果相关，如购买的便利性、选择的多样性、商品质量和价格的优势等；非功能性收益主要与消费者社会性、情感需求相关，如有趣的购买体验等(Bhatnagar & Ghose, 2004a, b)。正是这些感知收益成为驱动消费者进行在线购物的强有力动机。

另一方面，在线购物方式在为消费者带来前所未有的收益的同时，也由其独有的特点而使消费者感知到比线下购物更为突出的风险(Lee & Tan, 2003)。关于消费者感知风险，Bauer(1967)强调其指的是主观感知风险，而不是真实世界的客观风险。一般消费者都是面对完全新的购买决策，拥有非常有限的信息用以决策。感知风险是存在于消费者头脑里的主观印象，任何对于感知风险的测量都必须从这一主观性特点出发。在线购物方式由于消费者在购买决策前无法对商品进行实际观察和评价，只能通过由其他方提供的有限的间接信息来形成评价、判断和决策，消费者会感知到更多的不确定性和伴随而来的发生损失的可能性，其与在线购物意图和行为存在显著负向关系(Ariff, et al., 2014; Cases, 2002; Doolin, et al., 2005; Hassan, et al., 2006; Kim & Lennon, 2013; Pires, et al., 2004; Tsai & Yeh, 2010)。因此，在线购物模式下，消费者同时感知的购买决策的收益和风险为消费者带来同时包含积极态度和消极态度的态度矛盾性，其也表现为在线购物方式的显著特点。

个体态度矛盾性对于个体相关行为存在影响(Thompson, et al., 1995)。更高的态度矛盾性往往被认为态度强度较弱，更容易被改变。Armitage 和 Conner(2000)通过实验测试被试实验前后的态度，得到高矛盾组被试在面对说服性信息时态度更容易改变的结论。Otnes 等(1997)指出消费者态度矛盾性对消费者的行为、态度等具有影响。冯小亮等(2013)研究了消费者态度矛盾性引起的不同态度成分变化的差异。

1.1.3　在线口碑的重要作用

在线口碑指由潜在消费者、事实消费者或之前消费者通过网络平台给出的关于一个商品或公司的积极或消极陈述(Hennig-Thurau, et al., 2004)。在线口碑对在线消费者进行购物评价及决策发挥着重要作用(Cheung, et al., 2008)。中国互联网络信息中心《2013 年中国网络购物市场研究报告》(中国互联网络信息中心，2014)显示，对于消费者影响最大的两个因素为用户评价及网站知名度和信誉：在购买不熟悉的产品时，37.5%的在线消费者的主要考虑因素为用户评价；在购买熟悉的产品时，25.0%的在线消费者的主要考虑因素为用户评价。

在线口碑对于商品销售和消费者行为的影响已成为学术界和实务界关注的研究领域。学者们发现在线口碑系统，无论其多么简单，依然能提高商品的市场表现(Dellarocas, 2005; Yang, et al., 2007)。相关研究涉及在线口碑在实际应用中的各个行业，各行业研究结果显示，在线口碑与产品的市场销售存在显著关系(Moe & Trusov, 2011)。在微观层面，影响口碑信息对于消费者说服力的因素研究是研究的热点。相关研究涉及的诸多因素可以分为三类：与口碑发布者、口碑信息和口碑接收者相关的因素(Cheung & Thadani, 2010)。口碑信息本身的特征，如口碑信息的极性(正面、负面、中立)及极性程度(Forman, et al., 2008; Korfiatis, et al., 2012; Mudambi Susan M & Schuff David, 2010)、信息量(Mudambi Susan M & Schuff David, 2010; 殷国鹏, 2012)、信息质量特征(Watts & Zhang, 2008; 殷国鹏, 2012)等都会影响口碑信息对于消费者的作用。此外，不同接收者由于自身某些属性特征的差异，会呈现对于口碑信息接收的差异(Chaiken & Eagly, 1976)。研究显示消费者性别(Dellarocas, et al., 2007)、感知的卷入度(Cheung, et al., 2009; Doh & Hwang, 2009; Lee, et al., 2008)、信息搜索的目标性(Watts & Zhang, 2008)、怀疑态度(Sher & Lee, 2009)等都会对口碑信息发挥的作用产生影响。

1.2 研究内容及研究意义

1.2.1 研究内容

相关研究表明，个体对于态度目标的矛盾性对其后续相关行为存在显著影响(Conner, et al., 2002; Olsen, et al., 2005)。在线购物模式下，消费者对于目标商品的态度具有突出的矛盾性特征，而消费者态度矛盾性对于其后续购买决策有着显著影响(Conner, et al., 2002)，是值得研究的领域。本书对在线消费者态度矛盾性的形成机制和其对后续口碑信息处理的影响进行研究，主要研究内容如下：

(1)在线购物纯正面商品信息形成消费者态度矛盾性的机制

在线购物模式下，对于感兴趣的商品，消费者首先浏览商品页面信息以形成对于商品的初步态度，然后在初步态度中积极态度占主导时，继续浏览商品的口碑信息，以完成对于目标商品的评价和购买决策过程。在实际应用环境中，商家提供的商品信息一般都是纯正面信息，这些正面信息会形成消费者对于商品的积极态度，同时由于在线购物方式的间接性和不确定性，这时消费者依赖商品信息形成的初步态度中依然包含消极态度，这就使消费者对于目标商品的初步态度呈现矛盾性。在这一过程中，在线消费者初步态度矛盾性形成于单极信息，这一情形适用 Priester 等(2007)提出的基于预期冲突型反应的态度矛盾性模型。针对在线购物方式下商家提供纯正面商品信息页面的情形，构建在线购物消费者初步态度矛盾性形成机制是本研究试图解决的一个问题。

(2)态度确定性在在线购物方式下对于消费者态度矛盾性的影响

态度确定性(attitude certainty)指个体对于自己态度的确定性、信心及正确性的主观感受(Abelson，1988；Gross，et al.，1995)。态度确定性是从元认知(metacognitive)的角度进行定义的，是隶属于主要认知的第二认知(Petty，et al.，2007)。在线购物方式下，由于信息获取的间接性和有限性，消费者感知明确的不确定性是又一突出特征。消费者会对自己依赖于有限的间接信息形成的态度和判断感知一定程度的不确定性。

态度确定性会影响其所隶属的态度的作用。结晶理论和放大理论(Clarkson，et al.，2008；Tormala & Rucker，2007)对于态度确定性的作用具有不同假设。相关研究也显示，态度确定性对于态度—行为一致性(Berger & Mitchell，1989；Bizer，et al.，2006；Rucker & Petty，2004；Tormala & Petty，2002)、对对立信息的抵抗能力(Babad，et al.，1987；Petrocelli，et al.，2007；Tormala & Petty，2002)及信息处理行为(Edwards，2003；Tiedens & Linton，2001；Weary & Jacobson，1997)等存在影响。为了进一步完善在线购物方式下消费者初步态度矛盾性形成机制，态度确定性在模型中的作用是本书研究的另一问题。

(3)在线消费者初步态度矛盾性对于其处理正、负面口碑信息的影响

在线消费者对商品进行初步评价形成初步态度后，会浏览商品

口碑信息。初步态度矛盾性程度差异是否会引起消费者对于口碑信息处理行为和处理结果的差异是本书试图解决的又一问题。

结合已有研究成果，影响口碑信息说服力的因素包含信息接收者特征和信息自身特征。本研究试图结合两个因素分别分析。分别研究在面对正面口碑和负面口碑时，消费者态度矛盾性程度如何影响消费者口碑信息处理行为和处理结果。

1.2.2 研究意义

1.2.2.1 理论价值

在线购物方式具有突出的消费者态度矛盾性特征。已有研究中，还未见针对在线购物实务中消费者面对单极商品信息的态度矛盾性形成机制的研究。Priester 等(2007)提出了基于预期冲突型反应的态度矛盾性模型，并对模型进行了检验，本书结合在线购物方式独有的特点，在 Priester 等(2007)的模型的基础上进行重构，推进了基于预期冲突型反应的态度矛盾性模型的研究和应用，扩展和丰富了态度矛盾性研究领域。此外，已有研究鲜见紧扣在线购物环境特征，完整构建消费者态度矛盾性形成机制的研究。本书针对在线购物中商家提供纯正面商品信息的情形，纳入态度确定性因素，试图构建完整的态度矛盾性形成机制，为更为深入和贴切地研究在线购物消费者态度矛盾性提供理论框架。

偏颇吸收理论的相关文献多研究个体态度极性与信息观点极性是否一致的情景下的个体偏颇行为。本书根据偏颇吸收理论的原理将其延伸到个体态度极性程度差异对其信息偏颇吸收行为的影响，扩展了偏颇吸收理论的应用领域。

相关研究发现，正面口碑和负面口碑对于消费者的影响是不一样的(Chevalier & Mayzlin, 2006)。本书区分正面口碑和负面口碑，结合信息本身特征研究消费者态度矛盾性对于在线口碑信息处理行为和处理结果的影响，有助于更加清晰地探索消费者态度矛盾性在不同情境下的作用。

1.2.2.2 社会应用价值

本书针对在线购物方式下的独有特征，构建消费者初步态度矛盾性形成模型，有助于电商企业深入了解在线消费者对于目标商品的态度矛盾性形成机制，并对相关因素进行合理控制和设计。此外，本书探究了消费者初步态度矛盾性对其后续口碑处理行为和处理结果的影响。研究结果提示初步态度矛盾性的重要性及其对正、负面口碑处理的不同影响。研究结论有助于电商企业进一步了解消费者对于口碑信息处理的行为特征，为商品口碑信息的优化和维护提供指导和参考。

1.3 研究方法与技术路线

1.3.1 研究方法

本书主要采用文献研究法、访谈法和实验研究等研究方法来探索在线购物消费者初步态度矛盾性形成机制和其引起的消费者对正、负面口碑处理行为、处理结果的差异。

(1)文献研究法

文献研究法主要指对于研究相关领域搜集、鉴别、整理文献，并通过对文献研读、分析形成对事实的科学认识的方法。本书针对在线购物研究背景和态度矛盾性问题，广泛检索国内外学术文献库，研读相关文献，了解相关理论基础，跟进最新研究发展，涉及的研究领域主要包括：在线购物感知价值与感知风险研究、网络口碑影响力及影响因素研究、态度矛盾性研究、态度及态度改变研究、说服及信息处理研究等。研究立足现有理论和代表性成果，结合在线购物实际，从理论层面形成科学推论过程，确定本书的创新点和研究内容，构建本书的研究角度、研究假设。

(2)访谈法

在初步确定研究角度和研究内容后，对在校大学生样本采用访谈法，了解在线购物下消费者态度矛盾性特征是否普遍存在，了解消费者在浏览了纯正面商品信息页面后，对于目标商品是否存在态度矛盾性并初步了解消费者个体具有不同程度的初步态度矛盾性时，对正、负面口碑信息的处理方式和感知的口碑说服力程度。在本研究中，访谈法主要用于研究初步阶段，探索研究进行的条件和前提，初步了解在线购物方式下消费者行为特征，为进行严谨的理论推导和实证研究提供引导方向，避免研究与实际脱离。

(3)实验研究

本研究对于研究假设的检验采用实验研究的方式进行。实验研究在个体行为研究和心理学研究中是比较常用的方式。实验研究对研究的自变量和外来变量进行控制，其优势在于能够有能力确定描述变量间的因果关系。一般相关研究只能说明一个变量的数值变化往往伴随着第二个变量的数值变化，而实验研究可以说明一个变量(自变量)的变化实际产生了另外一个变量(因变量)的变化(Bordens & Abbott, 2008)。本研究借鉴相关领域已有研究的具体实验方式和前置因素的理论研究，对消费者初步态度矛盾性水平和口碑信息页面质量等进行控制，并对各项研究假设进行检验。

1.3.2 技术路线

本书研究的技术路线如图 1-3 所示。本研究通过访谈法对研究实际背景进行初步探索，确定问题特征和研究方向；通过文献研究法，对相关领域的经典理论、代表研究、最新研究动态进行归纳和分析；通过理论和实际相结合，确定本书的研究方向、研究内容、理论框架、研究假设和研究方法。

研究模型的构建以基于预期冲突型反应的态度矛盾性形成模型为基础。研究首先对在线购物情形应用该模型的适用性进行检验。通过实验研究和实证分析，对在线购物消费者面对单极商品信息时的预期消极态度和初步态度矛盾性的存在性进行了检验。然后采用实验研究和实证分析的方法对构建的模型中的各条路径进行逐一检验。最后将模型使用结构方程进行整体拟合检验。

研究以偏颇吸收理论为基础，结合消费者自身特征(态度矛盾性程度)和信息特征(口碑极性)分别检验消费者对于口碑信息的处理行为和处理结果的差异。采用实验控制的方式和方差分析，分别研究在线消费者在面对正面口碑和负面口碑时，态度矛盾性对其信息处理方式、信息处理努力程度和态度矛盾性改变程度的影响。

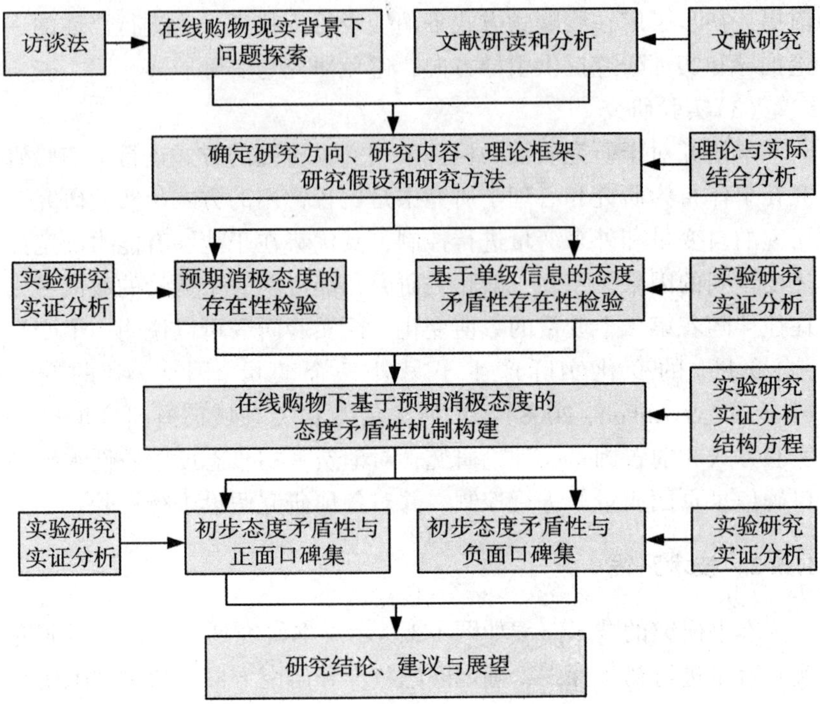

图 1-3　研究技术路线

最后，本书对研究结论进行讨论，针对电商企业的营销策略提出建议，并分析相关的未来研究方向。

1.4　研究主要创新点

本书创新之处主要体现在以下 5 个方面：

(1) 针对在线购物方式下消费者感知的不确定性，研究消费者在面对纯正面商品信息时，其态度矛盾性形成机制。在线购物方式具有突出的消费者态度矛盾性特征。已有研究中，还未见针对在线购物情形中消费者面对单极商品信息的态度矛盾性形成机制的研究。本研究根据在线购物实际情形，以商品纯正面信息为刺激物，以基于预期冲突型反应的态度矛盾性形成模型(Priester, et al., 2007)为基础，结合在线购物的特征，纳入积极态度确定性因素和购买卷入度因素，构建在线购物消费者面对纯正面商品信息时的态度矛盾性形成模型。研究验证了基于预期冲突型反应的态度矛盾性模型在在线购物情形下的适用性；结合态度确定性相关研究，从元认知角度，以放大假设(Clarkson, et al., 2008)为基础，将积极态度确定性引入模型，并研究了其在模型中的作用。此外，探究了购买卷入度因素对预期消极态度对态度矛盾性作用的影响并用结构方程模型，对研究提出的模型整体进行了拟合和检验。

(2)本研究将偏颇吸收理论原理延伸，讨论具有相同态度极性的个体由于其态度极性程度差异带来的偏颇吸收行为的差异，用以研究初步态度矛盾性程度不同的在线消费者对不同极性口碑信息处理的差异。偏颇吸收理论的相关文献多研究个体态度极性使个体对于信息处理出现偏颇行为。本书研究中，被试初步态度中积极态度占主导，呈现相同的态度极性，但态度矛盾性程度不同意味着被试对积极态度的整体感受程度存在差异，即极性程度存在差异。本书将偏颇吸收理论原理延伸，研究个体态度极性程度对其偏颇吸收行为的影响。

(3)本研究认为态度矛盾性对在线消费者口碑信息处理的作用会因口碑信息极性不同而呈现差异。已有的关于个体态度矛盾性对其信息处理行为影响的研究往往从个体降低其认知失调感的动机角度(黄敏学等, 2010a)进行分析，认为矛盾性高的个体具有较高的降低认知失调感的动机，从而更容易接受信息，发生态度改变(Conner & Sparks, 2002)；或认为个体态度的矛盾性程度与其态度强度成反比，矛盾性高的个体的态度强度较低，更容易被说服而发生态度改变(Krosnick & Petty, 1995)。本研究分别针对正面口碑和负面口碑，分析在线购物消费者态度矛盾性对其信息处理过程和处理结果的影响。研究发现，口碑信息极性不同时，态度矛盾性程度对消费者信息处理作用也不同。面对正面口碑时，较高的态度矛盾性(相对于较低的态度矛盾性)会使消费者对信息加工投入较多努力，对口碑信息接受程度却较低；面对负面口碑时，较高的态度矛盾性(相对于较低的态度矛盾性)会让消费者对信息加工投入较少的努力，对口碑信息的接受程度较高。

(4)本书研究了负面口碑信息对于消费者态度矛盾性作用的加速递增趋势。在消费者态度中积极态度占主导的情况下，负面口碑信息会提升消费者对于目标商品的消极态度，并逐步提升态度矛盾性。本书研究了等价的负面口碑集对于消费者态度矛盾性的作用呈现加速递增趋势，即随着口碑集中负面口碑的增加，等价的负面口碑集对于消费者态度矛盾性的作用会变大。这一趋势源于整体负面口碑数量的增加，会加强消费者对于所有负面口碑(包括之前已经存在的负面口碑)的重视，让消费者对所有负面口碑赋予更高的权重。

(5)本书对负面口碑作用的研究采用混合型口碑集的形式进行。在现有关于负面口碑的研究中，多采用纯负面口碑或单条负面口碑作为研究对象(金立印，2008；李宏等，2011)。本书检验了面对纯负面口碑时，大部分消费者会放弃购买意图，显示这一情形难以为将消费者阅读口碑信息后的相关行为作为对象的研究提供研究背景。混合型口碑在现实在线购物中是相对纯负面口碑更为常见的情形。本研究采用混合型口碑集，通过在纯正面口碑集的基础上追加负面口碑集的方式，并通过研究消费者态度矛盾性在面对纯正面口碑和混合型口碑集时的差值，来研究负面口碑集对于消费者态度的影响。

1.5 本书结构与内容安排

本书根据研究内容和研究路线，由 7 章组成，具体安排如下：

第 1 章“绪论”，主要阐述论文的研究背景、提出研究问题、分析研究意义，并阐述研究所使用的研究方法和技术路线，归纳研究的主要创新点。

第 2 章“文献综述”，对文献研究中研读的相关领域的经典理论和代表研究进行梳理和评述，为研究的理论分析和推导提供理论基础。涉及的领域包括：态度矛盾性和消费者态度矛盾性的概念、测量、前置因素；态度确定性的定义、特征、前置因素、作用；在线购物的感知收益与感知风险；在线口碑及其作用；信息的双加工理论；偏频吸收理论。

第3章“研究理论框架”，阐述了研究依据的理论基础和逻辑思路，对于全书研究的理论框架进行了阐述。

第4章“在线购物中基于预期的态度矛盾性形成机制”，针对在线购物背景下，消费者面对商品纯正面信息页面形成初步态度矛盾性的机制进行研究。研究以基于预期冲突型反应的态度矛盾性模型(Priester, et al., 2007)为基础，结合在线购物的特点，考虑积极态度确定性因素的放大作用和购买卷入度因素的调节作用，对模型进行构建。本章通过实验研究、方差分析、结构模型等方法，检验了模型在在线购物背景下的适用性，对构建的模型的各条路径进行了检验，并对模型整体进行了拟合检验。

第5章“消费者态度矛盾性对在线正面口碑处理的影响”，通过实验研究和方差分析，研究了面对正面口碑时，在线消费者初步态度矛盾性对于其口碑信息处理过程和处理结果的影响。

第6章“消费者态度矛盾性对在线负面口碑处理的影响”，通过实验研究和方差分析，研究了面对负面口碑时，在线消费者初步态度矛盾性对于其口碑信息处理过程和处理结果的影响并对负面口碑对于消费者态度矛盾性影响的递增趋势进行了研究。

第7章“研究结论和展望”，总结了全书主要研究结论，并根据研究结论讨论了其营销价值和意义，分析了研究局限，展望了未来的研究方向。

2 文献综述

2.1 态度矛盾性

2.1.1 态度矛盾性和消费者态度矛盾性定义

2.1.1.1 态度矛盾性定义

传统的观点对于态度概念一直延续 Thurstone(1928)单极和一维的框架。对于个体态度的测量采用具有两级的连续一维刻度。一级表示个体对于目标对象具有非常的偏好、赞成等积极态度；另一级表示个体对于目标对象具有非常的讨厌、反对等消极态度；刻度的正中点代表个体对于目标对象具有中立的态度。个体的态度偏离中点越远，代表其具有对应方向态度的程度越强(Thurstone, 1928)。这种观点下，个体对于目标对象的态度向一个方向移动时，即意味着同向的态度在增长，反向的态度在削弱，个体对于目标对象的积极和消极的态度存在此消彼长的关系。在心理学和社会学相关研究中，一维态度的框架和测量成为很多研究的基础(Eagly & Chaiken, 1993; Petty, et al. , 1994)。

随着关于态度的研究在心理学和社会学领域不断发展，学者们发现单极、一维的框架在某些情景下难以准确反映个体对于目标对象的真实情感和态度。学者研究发现，个体对于目标对象往往会同时持有积极和消极的态度，而积极和消极的态度之间并不一定是相关的(Conner & Armitage, 2011)。Scott(1969)通过 4 个不同领域的实验发现情感平衡和情感评价与一维的认知空间不相容，表现出对目标对象矛盾的观点，并将态度矛盾性(attitudinal ambivalence)引入社会心理学领域。态度的二维性结构和框架开始引起学者们的兴趣。

Kaplan(1972)提出个体态度中对于目标对象的喜欢和不喜欢的成分是可以单独测量的，并在研究模型中单独识别了三个非向量的态度变量——总体情感(total affect)、矛盾性(ambivalence)和极性(polarization)。Katz 和 Hass(1988)对种族问题的个体态度进行了实验检验，结果显示白种人对黑种人的态度呈现同时包含友好性和非友好性的复杂性特征，并发现这两种冲突的成分未呈现相关性。Kaplan(1972)和 Katz 及 Hass(1988)的研究初步建立了态度矛盾性的二维特点和框架，对态度矛盾性的研究具有重要意义，后续相关研究都围绕这一二维框架展开。

态度矛盾性被定义为一种心理状态，反映个体对于目标对象持有同时包含积极和消极(positive and negative)态度的混合(mixed)情感或感觉(Gardner，1987)。个体对于统一目标对象所持有的积极态度和消极态度相互独立，呈现二元化结构。这种混合的情感或感觉给个体带来一种冲突或矛盾的主观感受(Priester & Petty，1996)。学者们对态度矛盾性给出了许多定义(如表 2-1 所示)，它们基本反映出态度矛盾性呈现的二维性特点，即对于目标对象同时存在积极和消极的评价。对于态度矛盾性二维性特点的鲜明界定具有重要意义，表明二维成分同时存在的稳定性，使其能够区别于具有不稳定特点的态度的变化和不确定性(Conner & Armitage，2011)。

表 2-1　**对于态度矛盾性的定义**

定　义	来　源
是一种心理状态，反映个体对于目标对象持有的一种混合性情感或感觉(同时包含积极和消极成分)	Gardner，1987
(个体对于目标对象)评价态度的不一致性程度	Eagly & Chaiken，1993
一种由竞争性评价倾向引起的冲突	Breckler，1994

续表

定　义	来　源
个体对于态度目标对象具有评价的混合性反应，包含积极的(喜欢的)和消极的(不喜欢的)因素	Wegener, et al., 1995
给予(目标态度对象)同样强烈的积极和消极评价的(一种倾向)	Thompson & Zanna, 1995
对于目标态度对象同时存在积极和消极的评价	Conner & Sparks, 2002

综上关于态度矛盾性的定义，可以将态度矛盾性定义为：个体对于目标对象的态度同时包含积极和消极的成分，积极和消极的成分彼此独立、同时稳定存在于个体态度中，给个体带来矛盾性和冲突性的感受。

2.1.1.2　消费者态度矛盾性

(1)消费者态度矛盾性定义

学者们对态度矛盾性的研究在社会学、心理学、政治学领域针对各种目标对象展开，如种族问题(Bhabha, 1984; Markus, 2008; Ziai, 2004)、亲子关系(Lüscher & Pillemer, 1998; Pillemer & Suitor, 2002)、社会慈善(Feldman & Zaller, 1992)、饮食习惯(Povey, et al., 2001; Sparks, et al., 2001)、持续发展问题(Mitcham, 1995)、政治选举(McGraw, et al., 2003)、婚姻问题(Kachadourian, et al., 2005)、城镇化发展(Lees, 2003; Voss, et al., 2007)、环保意识和行为(Costarelli & Colloca, 2004)等。

随着研究的不断进展，态度矛盾性也引起了消费者领域学者的关注。Otnes 等(1997)首次在心理学和社会学关于态度矛盾性研究的基础上，将态度矛盾性引入消费者领域，并提出了消费者态度矛盾性的定义。Otnes 等(1997)对新娘置办婚礼用品过程进行跟踪，通过案例分析方法，对新娘的矛盾性和冲突性的态度进行了研究。Otnes 等(1997)对消费者态度矛盾性进行了定义——消费者态度矛盾性是消费者同时或依次感受到的多种情感状态，是内部因素、外部目标、人群因素、组织因素及文化现象在面向市场的背景下相互作用的结果；其会直接或间接地影响消费者购买前、购买中和购买后的态度和行为。这一定义首次将态度矛盾性放置到了微观消费领域。定义较好地结合消费市场环境下的外在因素和驱动因素，归纳了消费者态度矛盾性前置因素的来源，并指出消费者态度矛盾性对消费者行为、态度等具有影响，明确了其对于营销领域研究的意义和价值。Otens 等(1997)的定义的优点在于对于消费者态度矛盾性的前置因素和后果进行了明确和归纳，具有较好的外延性；但定义对于消费者态度矛盾性本质、框架等概念并未作明确的界定，没有突出态度矛盾性二维性和冲突性等特点(黄敏学等，2010a)。

黄敏学等(2010a)结合营销学的特点，认为消费者态度矛盾性的定义基于消费者微观层面和情景环境，应重点考虑 3 个主要方面：①消费者态度的矛盾性区别于传统研究的社会心理学领域，具有微观层面的特点，其前置因素与营销环境中的要素密切相关；②消费者态度矛盾性源于对于某一营销对象同时产生积极和消极的评价，且相互独立；只有当积极评价和消极评价都达到一定强度时才会产生具有二元结构的矛盾性态度，否则消费者态度仍然呈现一维性；③消费者矛盾态度的对象可以包含广泛的各类营销要素。据此，黄敏学等(2010a)对消费者态度矛盾性进行了重新定义：消费者对待某一营销要素同时存在积极和消极的认知评价和情感体验。黄敏学等(2010a)对于消费者态度矛盾性的定义明确了态度矛盾性的二维框架，并强调了其独有的微观营销环境。

结合态度矛盾性本质的特征、微观消费环境和 Otens 等(1997)、黄敏学等(2010a)的定义，本书认为消费者态度矛盾性的定义应该包含和明确以下几个方面：

①消费者态度矛盾性的构成框架，即相互冲突及独立的二维结构，其为态度矛盾性的本质特征。

②消费者态度矛盾性给消费者带来的整体的认知和情感的反应，其对消费者后续相关意图、行为等具有影响。

③消费者态度矛盾性产生的目标对象：在微观消费环境下，消费者态度矛盾性往往产生于对目标商品的评价和购买决策的形成过程中；其态度目标对象往往为消费行为或决策相关的对象。

④消费者态度矛盾性的形成机制：个体同时持有对于目标对象一定强度的积极态度和消极态度，是形成主观态度矛盾性的基础。积极态度和消极态度在形成最终主观态度矛盾性的过程中，会受到来自于个体自身因素和外在因素的影响(黄敏学等，2010a)。

⑤消费者态度矛盾性的影响：消费者对于目标商品或购买决策的态度矛盾性会对消费者购买前、购买中和购买后的态度和相关行为产生影响(Otnes，et al.，1997)。

因此，本书将消费者态度矛盾性定义为：消费者在对目标商品进行评价或在进行购买决策过程中，由于个体自身因素和外部因素的作用，同时持有对于目标对象的积极态度和消极态度，积极态度和消极态度彼此独立，为消费者带来矛盾和冲突的认知和情感体验，对其购买前、购买中和购买后的态度和相关行为产生影响。

(2)消费者态度矛盾性特点

在社会心理学领域，个体对于某一目标对象态度的形成往往源于广泛的社会因素，如社会文化、个体价值观、群体间影响、媒体信息传播等。个体态度矛盾性的形成受到众多难以界定边界的因素影响，形成的时间跨度呈现多样化，且具有稳定性，较难在短时间内发生改变(Armitage & Conner，2000；Thompson & Zanna，1995)。

而消费者对于目标商品的态度形成过程中，其影响因素具有较好的边界，较社会心理学领域更易识别和控制；同时，消费者态度矛盾性属于微观层面，更容易受到消费情景中各营销因素的影响，在较短时间内发生改变(Olsen，et al.，2005；Tuu & Olsen，2010)。

2.1.2 态度矛盾性测量

由学者们对于态度矛盾性的定义可以看出，态度矛盾性为个体带来冲突性和矛盾性的主观感受，矛盾性程度越大，这种主观感受越大；同时，态度矛盾性是由于个体对于目标对象同时持有积极态度和消极态度，两种态度之间的对立性和冲突性使个体感受到认知和情感的矛盾(Priester & Petty，1996)。相关研究在对个体态度矛盾性进行测量时也从这两个角度进行，并对应两种测量的方法：主观测量法和客观测量法。

2.1.2.1 主观测量法(Subjective Measurement)

主观测量法是从态度矛盾性对个体带来的主观冲突性感受的角度来测量其态度矛盾性程度。测量时使用李克特量表，使用3~5个测量题项从对于目标对象态度的冲突性、混合型和难以决定性程度方面直接询问被试的主观感受(Priester & Petty, 1996)。Priester等(2007)使用5个测量题项询问被试：①主观感受是混合的，而不是单一的；②感觉到冲突；③感觉到行为上难以决定；④思想和感觉上感受到压力和紧张；⑤感觉到矛盾。每个题项使用11点量表进行测量。0点表示被试主观感受“完全是单一的”、“完全没有冲突”、“完全没有难以决定”、“完全没有压力和紧张”和“完全没有矛盾”；10点表示被试主观感受“完全是混合的”、“非常冲突”、“非常难以决定”、“非常有压力和紧张”和“非常矛盾”。

主观测量法直接测量个体的主观整体矛盾性感受，从概念上能较准确地反映个体态度矛盾性的程度。在实际应用时，主观指标法的测量效果往往受限于被试对于自身主观的复杂态度和情感进行准确识别和评价的能力。另外，由于主观指标法只呈现主观整体感受，未反映态度矛盾性的二维结构，因此，不适合用于需要具体考察矛盾的个体积极态度和消极态度的对比结构和变化等情形(Conner, et al., 2002; Olsen, et al., 2009)。

2.1.2.2 客观测量法(Objective Measurement)

客观测量法从态度矛盾性的形成机制即二维结构出发，对个体对于目标对象的积极态度和消极态度分别进行测量，然后再采用特定计算模型计算出个体的态度矛盾性(Priester & Petty, 1996)。由于个体的积极态度和消极态度相互独立，在研究实验中，实验者会要求被试在不考虑对立方面的情况下分别评价自身的积极态度和消极态度的程度。Priester和Petty(1996)使用11点量表，0点表示“完全没有积极(或消极)的态度”，11点表示“最大的积极(或消极)的态度”。

客观测量法在研究中实施时，有两个关键问题：一是确保被试在不受对立因素影响的情况下进行评价，所以研究中都会给被试“不考虑对立因素”的明确提示(Conner, et al., 2002; McGraw, et al.，2003；Priester & Petty，1996；黄敏学等，2010b），以保证对于积极和消极态度的独立评价。二是选择合理的计算模型对个体的整体态度矛盾性进行准确的估算。许多研究针对个体持有的独立的积极态度和消极态度与态度矛盾性之间的关系，提出了客观测量法下的计算模型（Kaplan，1972；Priester & Petty，1996；Scott，1966，1969；Thompson & Zanna，1995；Thompson，et al.，1995）。

（1）Griffin 公式

在研究中，被最为广泛使用的是 Griffin 公式（Thompson，et al.，1995）：

$$\text{Ambivalence} = (P+N)/2 - |P-N| \quad (2.1)$$

其中，P 表示测量得到的独立的积极态度得分，N 表示测量得到的独立的消极态度得分。计算出来的结果越大，表示个体态度矛盾性程度越大。在研究实验的实际应用中，往往在公式后根据需要加上一个常数 X，使计算结果位于合适的数据范围内以便于统计使用。

Priester 和 Petty（1996）在对 Griffin 公式进行分析时，用主导型态度（D）和冲突型态度（C）①代替公式中的积极态度（P）和消极态度（N）。将公式变形为：

$$\text{Ambivalence} = F(3C-D) \quad (2.2)$$

从式（2.2）可以看出，个体态度矛盾性更多地受冲突型态度的影响：冲突型态度每增加 1 个单位，个体态度矛盾性提高约 3 个单位；而主导型态度每增加 1 个单位，个体态度矛盾性只降低 1 个单位。

Priester 和 Petty（1996）通过对各个计算模型的比较，发现 Griffin 公式相对于其他公式，与主观测量法下的态度矛盾性相关系数最高（$r=0.4$）。但 Priester 和 Petty（1996）也提出，Griffin 公式用不变直线关系估算主观态度矛盾性可能是这一方法的缺陷。

---

① 主导型态度（dominant attitude）指积极态度和消极态度中得分较高的态度；冲突型态度（conflicting attitude）指积极态度和消极态度中得分较低的态度。

(2)渐进阈值模型(Gradual Threshold Model)

Priester 和 Petty(1996)对客观指标法下多个计算模型进行了分析和比较，以探索更有效的计算模型。Priester 和 Petty(1996)进行比较的模型包括：冲突反应模型(Conflicting Reactions Model, CRM)(Kaplan, 1972)，积极加速模型(Positive Acceleration Model, PAM)(Scott, 1966; Scott, 1969)，消极加速模型(Negative Acceleration Model, NAM)(Scott, 1966)，相似度压力模型(Similarity-Intensity Model, SIM)(Thompson & Zanna, 1995; Thompson, et al., 1995)，交叉结果模型(Cross-Product Model, CPM)(Has, et al., 1992; Katz, et al., 1986)。

Priester 和 Petty(1996)通过分析各模型中主导型态度、冲突型态度和主观测量的态度矛盾性之间的形态关系，用实证数据计算了各模型间计算结果的相关系数及各模型的计算结果和主观测量指标之间的相关系数，比较了各个模型的有效性。

Priester 和 Petty(1996)借鉴 French(1940)在心理学领域的沮丧阈值模型(Threshold Model of Frustration)，提出了态度矛盾性的阈值模型观点：当冲突型态度大于一定阈值后，态度矛盾性仅仅受冲突型态度影响，并借助实证数据结果，提出了简单阈值模型(Abrupt Threshold Model, ATM)。简单阈值模型可用下式表示：

$$\text{IF}\quad C \leqslant t,\ A = F(5C-D);\ \text{IF}\quad C>t,\ A=F(5C^{P}) \tag{2.3}$$

D 表示主导型态度，C 表示冲突型态度，A 代表态度矛盾性，t 表示冲突型态度的阈值，p 为小于 1 的常数。简单阈值模型显示：①当冲突型态度低于一定阈值时，主观态度矛盾性是 5 倍冲突型态度减去主导型态度后差值的函数；②当冲突型态度高于阈值时，主观态度矛盾性随冲突型态度增加而增加，但增加的速度递减(Priester & Petty, 1996)进一步对模型进行平滑化，提出了渐进阈值模型(Gradual Threshold Model, GTM)，如式(2.4)所示：

$$A=5C^{P}-D^{1/C} \tag{2.4}$$

渐进阈值模型一方面突破了简单直线关系模型，另一方面采用阈值的观点，提出了冲突型态度在不同区域对于主观态度矛盾性的不同作用。Priester 和 Petty(1996)通过实证数据检验，证明了渐进阈值模型对于主观态度矛盾性具有较好的预测性。

2.1.2.3 态度矛盾性测量方法评价

态度矛盾性的主观测量法立足于测量个体整体感受到的认知和情感的冲突型、矛盾性和难以决定性程度(Priester & Petty, 1996),其优点在于其测量角度紧扣态度矛盾性个体的综合体验和反应,能较为准确地体现理论概念,其测量结果体现各方面因素的综合效果;但其测量效果受限于被试对于自身认知和情感的感知和评价能力。

态度矛盾性的客观测量法从其二维结构的定义出发,分别独立测试被试的积极态度和消极态度,并依照一定的模型计算出被试的态度矛盾性程度。其优点在于其测量角度突出了态度矛盾性形成的本质特征;同时,在测量时,二个维度分开独立测量,更便于被试能够清楚、准确地识别和评价。另外,客观测量法更适合需要分析被试积极态度和消极态度的变化、两者结构关系等的研究。客观测量法应用的一个关键问题在于计算模型的有效性。Thompson 和 Zanna(1995)对多个模型进行了计算,发现各个模型的计算值与主观测量法下态度矛盾性测量值的相关系数在 0.21 和 0.4 之间,Priester 和 Petty(1996)也得到了相似的结果(0.36~0.52)。Priester 和 Petty(2001)指出,前置因素积极态度和消极态度对于主观态度矛盾性的解释力度有限,可能是个体的积极态度和消极态度在形成个体最终主观态度矛盾性的过程中还存在其他影响因素。Priester 和 Petty(2001)研究发现除了积极态度和消极态度形成的个体内部分歧的作用外,个体感受到的与他人之间的意见或评价的不一致性也会影响个体主观态度矛盾性。因此,立足二维结构,研究影响个体主观态度矛盾性的重要因素及其形成机制,完善客观测量法,是态度矛盾性研究的一个重要方向。

2.1.3 态度矛盾性的前置因素

态度矛盾性从定义上来看,是由个体同时持有的积极态度和消极态度而形成的,客观测量法也正是立足于这一框架。但即使拥有相同积极态度和消极态度的不同个体,也会存在态度矛盾性的差异，其差异主要源于个体内部特征的差异，如个体的认知需求、信息处理动机等(Rudolph & Popp, 2007)。同时，同一个体，对于同一目标对象，拥有相同的积极态度和消极态度，但在不同外部评价和决策环境下也会显示出态度矛盾性的差异，如产品卷入度(Thompson & Zanna, 1995)、感知的与他人意见的差异等(Priester & Petty, 2001)。

态度矛盾性前置因素的探究需要从其形成机制出发。本书对于态度矛盾性形成的机制归纳为两个方面：一是影响个体积极态度和消极态度形成及其程度的因素；二是影响个体积极态度和消极态度形成最终整合的态度矛盾性的因素。

2.1.3.1 形成个体积极态度和消极态度的因素

个体对目标对象形成评价和态度，前提是存在关于目标对象的信息。个体最终对目标对象形成评价和态度，是对外界信息处理的结果，因此其依赖于外界信息和信息处理过程(Simon, 1979)。外界信息是个体形成积极态度和消极态度的原料，个体差异则会影响信息处理过程和处理结果，因此影响个体积极态度和消极态度的因素包括外在信息因素和个体内在特征。

(1)外在信息因素

外在信息因素从其作用看，包括形成个体态度极性(valence)和极性程度(extremity)两个方面。

信息本身所包含的内容和观点极性是促成个体态度极性的典型因素。关于目标对象正面的信息、积极的评价、优点的展示等，往往会给个体带来关于目标对象的积极态度和评价。关于目标对象负面的信息、消极的评价、缺点的展示等，往往会给个体带来关于目标对象的消极态度和评价。外在的正面信息和负面信息往往呈现两种类型：补充型和冲突型。

补充型信息往往表现为正面信息和负面信息分别关于目标对象的不同属性，即目标对象的某些属性呈现正面信息，而某些属性呈现负面信息(黄敏学等, 2010a)。如打折商品，消费者对于价格属性形成积极态度(比平时便宜)，但对于质量属性会形成消极态度(如接近过期日期等)。

冲突型信息往往表现在外在信息来自于不同信息源，而不同信息源对于目标商品或某一具体属性的评价呈现褒贬不一的现象(Hodson, et al., 2001)，即正面信息和负面信息针对同一目标对象或属性。冲突型信息在以网络为基础的口碑领域是比较常见的，也成为这一领域的典型信息特征。

影响极性程度的因素会影响个体对于信息观点的接受程度，根据 Petty 和 Cacioppo(1986)的精细加工模型(Elaboration Likelihood Model, ELM)，包括提供信息加工中心路线(central router)的因素，如信息本身的逻辑性、说服力等以及提供信息加工边缘路线(peripheral router)的各种线索，如信息长度、信息源可信度等。个体会通过中心线索和边缘线索，对信息采取不同加工方式。这些线索将会影响信息对于个体的说服力(Petty & Cacioppo, 1986)。

(2)个体内在因素

即使面对相同的信息，不同个体最终形成的积极态度和消极态度也会存在差异，这往往源于个体在信息处理、认知需求等方面的差异。Petty 和 Cacioppo(1986)指出个体对于信息处理投入的努力取决于个体信息处理动机的强弱、信息处理的能力等，而个体采取不同的信息加工路线和投入努力，信息的说服力也会呈现差异。当个体的认知需求高、信息处理动机较强或处理能力较强时，会更多地采取中心路线，投入更多的加工努力，偏向于采用系统式处理方式；反之，个体则更多地依靠边缘路线，投入较少的加工努力，偏向于采用启发式处理方式(Eagly & Chaiken, 1993; Griffin, et al., 2002)。Petty 和 Cacioppo(1986)通过"强"信息和"弱"信息进行实验检验，发现被试在依赖不同信息线索时会呈现有偏处理，从而导致不同的态度改变和最终态度结果。

另外，在面对补充型信息对目标对象的不同属性呈现褒贬不一的情况时，不同个体会受到个体对于不同属性的权重值的影响；而各属性的权重值的具体分配会因个体评价标准的不同而存在差异，从而影响积极态度和消极态度的程度(Johnson & Levin, 1985)。

因此，影响个体形成积极态度和消极态度的内在因素可以归纳成影响个体进行信息处理方式及其过程的个体内在因素。

2.1.3.2 影响积极态度和消极态度形成态度矛盾性的因素

Priester 和 Petty(1996)对多个客观测量法的模型进行了检验，结果显示仅仅用积极态度和消极态度进行计算的主观态度矛盾性结果与主观测量法下的被试整体态度矛盾性程度之间的相关系数位于 0.36~0.52，显示在态度矛盾性形成机制中可能存在其他因素。从态度矛盾性的概念可以确定，积极态度和消极态度是形成态度矛盾性的基础，积极态度和消极态度通过各自对个体产生作用，综合产生冲突型和矛盾性的主观感受。如果个体在面对相同程度的积极态度或消极态度时主观感受具有差异，那么最终呈现的态度矛盾性也会呈现差异。本书将使个体在面对相同程度的积极态度和消极态度时形成不同主观矛盾性感受的因素，按照来源分为外在因素和个体内在因素。

(1)外在因素

①卷入度。外在因素指来自于个体所处的情景或感受到的环境中的因素。对于态度目标对象的卷入度因素，在相关研究中被认为会影响个体的认知过程(Graham & Golan，1991)。卷入度被定义为感知的个人相关程度，其可以是基于某一情景的，也可以是长期存续的(Celsi & Olson，1988；Richins & Bloch，1986)。Lavine 等(2000)通过电话调查和对两个在校大学生样本进行实证检验，发现高卷入度会使个体在对信息进行搜索和处理时出现选择性(有偏性)，而使其更倾向于形成单极的、低矛盾性的态度。Thompson 和 Zanna(1995)也通过实证研究得到了相似结论，较高的卷入度会降低个体的矛盾性，并且对个体内在因素对矛盾性的作用具有调节作用。

②与他人意见的冲突。个体在形成态度和评价时，除了受自身的态度影响，还会受到外界他人、群体的态度影响。Priester 和 Petty (2001)指出个体的矛盾性除了受到自身积极态度和消极态度影响外，还受到个体感知的自身意见和他人意见的冲突的影响。Priester 和 Petty (2001)通过 4 个实验，检验了与被试存在不同人际关系特征的他人(父母、喜欢的人和不喜欢的人)的意见冲突对被试态度矛盾性的影响；结果显示，与喜欢的人(相对于不喜欢的

人)的意见的冲突会使被试感受到更多的压力，产生更高的态度矛盾性。

(2)个体内在因素

个体犯错恐惧(Personal Fear of Invalidity, PFI)属于个体间长期存在的、并非基于情景的差异(Thompson, et al., 2001)。具有较高犯错恐惧的个体更关注决策的后果，而主观上更难以决定；他们有强烈的倾向去担心或一直担心自己可能(或已经)作出了错误的决定(Thompson, et al., 2001)。具有较高犯错恐惧的个体在调和关于态度对象的冲突型信息时比较低效，因为他们对于犯错的关注会干扰他们解决不一致性的能力。因此，个体犯错恐惧与个体感受到的态度矛盾性成正比(Thompson, et al., 1995)。

2.1.4 态度矛盾性的影响

在研究态度矛盾性的影响时，众多研究将态度矛盾性作为态度强度(attitude strength)的一个维度，较低的态度矛盾性常常被认为会形成相对较强的态度(Conner & Armitage, 2011)。Krosnick 和 Petty(1995)定义态度强度包含 4 个方面的特征：①相对于时间的持续性(稳定性)；②对于说服的抵抗力；③对于信息处理的影响；④对于行为的影响力。态度矛盾性影响研究也从这 4 个方面展开。

(1)对于态度稳定性的影响

很多研究认为态度的稳定性是衡量态度强度的一个重要因素(Ajzen, 1996; Doll & Ajzen, 1992; Erber, et al., 1995)，较高的态度矛盾性(相对于较低的态度矛盾性)会导致较弱的态度强度，从而具有较低的态度稳定性(Armitage & Conner, 2000; Conner, et al., 2000)。

Lavine(2001)使用 1980—1990 年的选举数据进行了实证分析，结果发现选民对于竞选的整体评价的态度矛盾性会使选民态度在整个竞选过程中呈现不稳定性；而偏向于具有单极(one-sided)态度，即低矛盾性的选民，在整个竞选过程中态度倾向于稳定。

冯小亮(2013)深入研究了矛盾的消费者在发生态度变化时不同态度成分的变化差异性。研究根据被试对于 3G 手机的态度矛盾性水平进行分组，然后测试不同分组在浏览了不同偏向的口碑信息后的态度成分变化，发现高矛盾性消费者态度中的情感成分(相对于低矛盾性消费者)较容易改变，而认知成分和意动成分却较难改变(相对于低矛盾性消费者)。

(2)对说服的可抗力

具有较高态度矛盾性的个体往往被认为态度强度较弱，更容易改变其态度而被说服。态度的强度被认为源于已有的态度结构(Eagly & Chaiken, 1995)。拥有强态度意味着对已有知识结构的附着力更为坚固。高矛盾态度意味着态度建立在矛盾的评价和不一致的信息上，因此对于已有知识结构的附着力较弱，更容易被改变(Conner & Armitage, 2011)。

Armitage 和 Conner(2000)通过实验测试被试实验前后的态度，得到高矛盾组被试在面对说服性信息时态度更容易改变的结论。

Ng 等(2012)通过实证研究发现在来自北美的被试中，高矛盾性组(相对于低矛盾性组)更容易改变其态度；同时，研究发现来自于东亚的被试在态度改变上与来自北美的被试呈现显著差异：来自东亚的被试对于态度的不一致性容忍度更高，从而得到结论：文化对于态度矛盾性与态度改变之间的关系具有调节作用。

(3)对于信息处理的影响

态度矛盾性不同的个体对于信息处理的差异研究是态度矛盾性领域的一个热点。学者们对于信息处理过程中的诸多环节进行了相关的比较研究。

Maio 等(1996)针对个体对于小部分人群(在加拿大的中国香港移民)的态度进行研究，根据个体态度矛盾性分为高、低两组，并分别给予被试具有赞成中国香港移民观点的“强”、“弱”信息。实证检验发现，高矛盾性组被试(相对于低矛盾组被试)对于信息处理投入了更多的系统性处理，这也带来在高矛盾组，阅读了“强”信息和“弱”信息的被试之间的态度改变大于低矛盾组被试。

Zemborain 和 Johar(2007)对具有不同态度矛盾性个体在形成对于竞选人的评价时，面对不同可靠性信息源的信息处理行为差异进行了研究。其研究结论显示，高矛盾性个体在面对高可靠性和低可靠性信息时，对于信息加工和态度改变未呈现显著区别，表示高矛盾性个体在进行信息处理前并未对信息源的可靠性进行检查和区别对待，直接受到信息影响而改变态度；低矛盾性个体在对信息进行加工、受到信息影响前，首先会对信息源可靠性进行检查，判断信息的可用性，通过检查的信息才会进入信息加工环节，对态度改变发生作用，没有通过检查的信息，会被直接丢弃。

(4)对于行为的影响力

态度矛盾性对于态度—行为一致性的研究虽涉及各类领域内的态度对象，但得到的结论是相似的：高矛盾性会削弱态度对于行为的预测性。

Lavine(2001)使用1980—1990年的选举数据进行了实证分析，结果发现选民对于竞选人的态度矛盾性会延迟选民对于竞选人最终评价的形成，会降低其态度对于最终投票选择的预测性；对竞选人具有高矛盾性态度的不同选民往往会对竞选人形成差异很大的评价和投票决定，而偏向于具有单极(one-sided)态度，即低矛盾性的不同选民，对于竞选人的评价和投票决定(相对于高矛盾性态度)趋于一致。

Conner(2002)对于低脂饮食的选择进行实验，发现对于低脂饮食态度具有高矛盾性的被试，其态度-行为的关系更弱。

Armitage(2003)通过对于观点异质性的操纵实验，发现基于同质性观点形成态度的被试，具有较高的态度矛盾性，其态度对于行为的预测性较低。

2.2 态度确定性

2.2.1 态度确定性定义

态度反映个体对于一个目标对象体验的认知和情感评价的整合(Crano & Prislin, 2006)。态度确定性(attitude certainty)指个体对于自己态度的确定性、信心及正确性的主观感受(Abelson, 1988; Gross, et al., 1995)。

态度确定性是从元认知(metacognitive)的角度进行定义的，反映隶属于主要认知的第二认知(Petty, et al., 2007)。态度确定性被看作态度强度的一个维度。态度强度反映态度的稳定性和影响力，对态度的持续性、抵抗力和与行为的一致性存在影响。强的态度相对于弱的态度稳定性更好，影响力更大，更能抵制对立性说服信息，对行为的指导性更大(Fazio & Zanna, 1978a; Krosnick & Petty, 1995)。

态度确定性与态度强度的其他维度相区别，如态度极性程度、态度重要性等。态度极性程度和态度确定性的变化可以是相互独立的。态度极性程度指态度呈现积极或消极的强烈程度(Abelson, 1995)。个体可以对目标对象拥有相同极性和极性程度的态度，但其对于态度的确定性程度可以呈现差异(Tormala & Rucker, 2007)。在很多研究的实验中，实验者在不改变被试态度极性程度的同时，操纵态度确定性发生变化(Rucker & Petty, 2004; Tormala, et al., 2006; Tormala & Petty, 2002)。

2.2.2 态度确定性的多维度观点

对于态度确定性的研究多采用全局的测量，直接询问被试主观感受到的对于态度的信心、正确性及确定性。多维度结构观点提供对于态度确定性的多维度测量方式。Petrocelli(2007)提出态度确定性也许并不是一个整体，而是由不同维度构成，每一维度有不同的前置因素和后果。Petrocelli(2007)提出了态度确定性的二维结构，识别态度确定性包括个体感知的态度正确性(Attitude Correctness)和态度清晰性(Attitude Clarity)两个维度。

态度正确性指个体对自己态度的正确性、合理性的信心程度。感知的态度正确性程度较高的个体相信其态度正确、合法及其他个体也有相同的态度(Petrocelli, 2007)。这一特点在关于态度确定性的相关研究中已有涉及(Gross, et al., 1995; Krosnick & Schuman, 1988; Tormala & Petty, 2002)。在态度确定性前置因素中，某些因素则对个体感知的态度正确性产生作用。如个体感知的他人与自己态度的一致性程度(Fazio, 1979; Orive, 1988; Visser & Mirabile,

2004)；在实验中，可以通过操纵这一因素，来操纵被试感知的态度正确性，从而实现对被试感知的态度确定性的操纵。

态度清晰性指个体对自己态度清楚识别的程度。研究显示，在让被试报告其态度时，被试在头脑里往往缺少已经形成的明确的态度(Bem, 1967; Fazio, 1987; Hastie & Park, 1986)。还有研究显示，个体对于自己持有的态度往往缺少明确的理由(Wilson, et al., 1989)。Petrocelli(2007)认为态度清晰性源于帮助个体表达和清楚认识自身态度的认知活动。相关研究显示个体多次重复表达自己的态度会提高态度的确定性(Holland, et al., 2003)，这一作用机制其实是对于态度的多次重复表达促进了个体对于自身态度的清楚认识，提高了态度清晰性，从而提高了态度确定性。态度清晰性和态度可接近性(Attitude Accessibility)有类似的地方。Petrocelli(2007)认为两者相关联，态度可接近性会对态度清晰性产生影响，但两者并不等同。如个体对态度投入大量的思考和精细加工努力，会使个体报告态度的时间延迟，降低态度可接近性，但会提高态度的清晰性(Petrocelli, et al., 2007)。Petrocelli(2007)对态度清晰性和态度矛盾性也进行了区分，认为个体感受到的冲突性程度与个体是否清晰认知到自己态度可以独立变化。

态度确定性二维结构为研究影响其前置因素提供了框架和探索方向。通过各个前置因素对于态度正确性和态度清晰性的影响，可以更加明确各前置因素发挥作用的机制。如个体隐性(implicit)和显性(explicit)态度的不一致(Petty, et al., 2006; Wilson, et al., 2000)，会降低态度的清晰性，从而降低态度的确定性；当个体在抵抗对立信息失败而改变态度后，其之后的态度确定性更高，也许是因为个体抵抗失败放弃原来态度后，感知的新态度的正确性更高(Petrocelli, et al., 2007)。

同时，态度确定性的二维结构对于研究态度确定性在各种背景下发挥作用的机制也提供了思路。如态度确定性越高，个体对于说服的抵制能力更高(Tormala & Petty, 2002)，这一抵制过程中，态度正确性和态度清晰性可能通过不同机制都发挥了作用，如个体感知更高的态度正确性，则会更加坚持已有的态度；个体感知更高的态度清晰性，则能更有力地反驳对立观点（Petrocelli, et al., 2007）。

2.2.3　态度确定性的前置因素

态度确定性影响态度强度，影响态度确定性程度的因素成为学者们关注的问题。

（1）信息呈现方式

Rucker 等（2008）认为信息呈现结构（单方面/两方面）会影响个体态度确定性：即使是相同的信息，信息呈现时使用同时出现正面和负面考虑的两极架构（two-sided frame）时（相对于以单极架构方式呈现），会提高个体在阅读信息后的态度确定性，因为两极架构会让被试感知更高的信息充分性和全面性。实验还发现，在两极架构呈现的信息中，负面信息为 0 和负面信息为 1 的两组被试在态度确定性上并无显著差异，说明是信息的两极呈现架构而非信息内容本身在对态度确定性发挥作用。

（2）态度的形成方式

Fazio 和 Zanna（1978b）通过实验，发现通过直接经验形成态度的个体，相对于通过间接方式形成态度的个体，对自己形成的态度具有更高的信心。一种解释是通过直接方式和间接方式获取信息的基础不同，前者让被试感知更多的知识或更多的确定性，从而对态度更具有信心。

（3）信息加工努力

在 ELM 模型中，个体对于信息加工投入的努力程度位于 0 与极大值之间（Petty & Cacioppo, 1986）。采取中心路线时，投入的努力较大，形成的态度强度较大；采取边缘路线时，投入的努力较小，形成的态度强度较小（Cacioppo & Petty, 1984）。Barden 和 Petty（2008）认为个体感知到投入更多的信息加工努力会提高形成的态度的确定性，对信息加工的思考程度作为一个启发式线索对形成态度确定性发挥作用；Barden 和 Petty（2008）还将作用机制扩展到个体投入信息加工努力的前置因素（如认知需求、干扰等），认为这些前置因素影响个体实际投入的信息加工努力程度，从而影响个体感知的信息加工努力程度，对个体形成态度确定性产生作用。

(4)对于态度的重复报告

个体简单的重复表述态度会影响态度的确定性(Holland, et al., 2003; Petrocelli, et al., 2007)。Holland(2003)在实验中比较了两组被试对于态度目标的态度确定性，一组被试报告态度一次，而另一组被试重复报告其态度六次；结果显示后一组被试呈现更高的态度确定性；同时，重复六次报告的被试呈现更高的态度可接近性。Holland(2003)认为对于态度的重复报告通过提高态度可接近性而提高态度确定性。

(5)对于说服信息的反驳

个体对于说服信息的反驳可能成功，也可能失败。学者分别研究两种情形下个体态度确定性的变化。Tormala 和 Petty(2002)提出，当被试成功地反驳说服信息后，其原有态度的极性程度不会发生改变，但态度确定性被提高。Tormala 和 Petty(2002)从元认知角度进行解释，认为在成功地反驳了一个强有力的说服信息后，个体依据这个成功的经验来进一步评价自己态度的合理性，从而提升对自己态度合理性的评估值。同时，实验发现只有在个体认为说服性信息是有力的时候，成功的反驳才会提升其原有态度确定性；如果个体认为说服性信息是无力的，则其态度确定性不会发生变化(Tormala & Petty, 2002)。说服信息的力度反映个体反驳的成功性，说服信息的力度越高，表示个体反驳越成功，让个体感知自身态度越合理；当个体感知反驳的成功性足够高时，才会提升对自身态度合理性的评估值，从而对态度确定性产生影响。Rucker 和 Petty(2004)对个体反驳失败的情形进行了研究，认为对一条说服性信息进行加工时，试图反驳的个体在信息加工过程中，会努力寻找信息中的缺陷进行反驳，如果最终失败，个体在接受信息观点的同时，还会清晰地认为信息中没有或包含很少的缺陷；从元认知的角度来看，此时，个体对于依据此信息形成的新态度具有更高的信心和合理性评估。如果个体在进行信息加工时，并没有反驳的意图，只是简单地接受信息，则个体只是接受了信息中的内容，并没有对信息是否具有缺陷进行思考和判断；从元认知的角度来看，个体对于依据此信息形成的新态度的合理性评估相对于有反驳意图的个体会低，形成的态度确定性也较低。Rucker 和 Petty(2004)的研究结果也可用个体对于信息加工投入努力的区别来解释，在更多信息加工努力基础上形成的态度具有较高的态度确定性(Barden & Petty, 2008)。当个体具有反驳意图时，在信息加工过程中，努力寻找信息缺陷也就意味着投入更多的精细加工，最终反驳失败，接受说服信息而形成的新态度也是较高精细加工的结果，新态度的确定性较高；无反驳意图的个体，简单接受信息，没有投入寻找信息缺陷的努力，整体投入的精细加工努力较少，形成的态度确定性较低。

(6)感知的群体一致性

当个体感知自己的态度与群体其他成员的态度具有的一致性越高，其态度确定性越高(Orive, 1988; Visser & Mirabile, 2004)。Visser 和 Mirabile(2004)通过实验控制，发现认为群体的态度与自身态度一致的被试，相对于认为群体态度与自身态度呈现较高不一致性的被试，具有更高的态度确定性。一种解释是个体通过群体一致性来对自身态度的正确性进行推断(Fazio, 1979)——群体内其他个体态度与自身态度的一致性会让个体对自身态度感知更高的正确性，从而提高态度确定性。

2.2.4 态度确定性的作用

2.2.4.1 态度确定性的后果

(1)对于态度-行为一致性的影响

关于态度确定性对于态度-行为一致性影响的研究得到了相似的结论：态度确定性越高，态度-行为一致性越高(Berger & Mitchell, 1989; Bizer, et al., 2006; Rucker & Petty, 2004; Tormala & Petty, 2002)。Fazio 和 Zanna(1978b)研究态度形成方式对于态度-行为一致性的作用时，就认识到态度确定性在这一作用过程中发挥了作用。Fazio 和 Zanna(1978b)的研究结果显示，态度形成方式影响着态度确定性，而态度确定性又影响态度-行为一致性，态度确定性充当了态度形成方式和态度-行为一致性的中介：直接经验形成的态度具有较高确定性，较高的态度确定性又带来较高的态度-行为一致性。

(2)对于对立信息的抵抗能力

态度确定性被认为是态度强度的一个维度，所以态度确定性越高，对于说服性攻击的抵御能力越强(Babad, et al., 1987; Petrocelli, et al., 2007; Tormala & Petty, 2002)。这一结论在相关研究中基本得到了证实，但关于其作用原理和机制尚未得到统一的解释。Tormala 和 Rucker(2007)认为存在三种可能的解释：一种可能是具有较高态度确定性的个体会感知自身态度较高的正确性，从而增加和提高了能够改变其态度所需要的对立信息的数量和强度；第二种可能是更高的确定性会让个体反驳对立信息时更具侵略性，从而提高了抵抗说服的能力；第三种可能是较高的确定性可能简单地降低了个体对于额外信息的处理动机，从而使个体对于对立信息的处理投入较少的努力。对于三种可能性的验证或探究其他可能性，成为将来相关研究的一个方向。

(3)对于信息处理的影响

态度确定性会影响个体对于信息处理投入的努力。具有较高态度确定性的个体(相对于具有较低态度确定性的个体)投入较少的信息处理努力(Edwards, 2003; Tiedens & Linton, 2001; Weary & Jacobson, 1997)。一种解释是主观感受的确定性反映个体已经获取足够的信息，从而使个体减少信息处理。当个体感知到不确定性时，个体会为了获取足够的信息而继续投入更多的努力。这一解释和启发式-系统式模型(Chaiken & Eagly, 1989)中的信息充分性假设较为接近。个体间对于确定性要求的差异(Chaiken & Eagly, 1989)，也会带来相同确定性下个体投入信息处理努力的差异，当个体对于确定性要求低时，较低的态度确定性也许已能满足个体的信息充分性需求，不会强化信息处理的动机(Tormala & Rucker, 2007)。

(4)对于观点和态度表达的影响

Matthes 等(2010)研究了态度确定性对于个体表达态度和观点的影响。根据沉默的螺旋理论(The Spiral of Silence Theory)，人们在表达自己观点和态度时，如果感受到自己的观点和态度与周围的舆论环境是一致的，便会促进个体表达自己的观点和态度；反之，则会倾向于保持沉默(Noelle-Neumann, 1974)。有观点指出，沉默的螺旋理论中表达的舆论环境与人们表达观点和态度的倾向之间的关系并不是绝对的。Matthes 等(2010)通过实证研究证实，个体态度的确定性会影响两者之间的关系：个体只有在态度确定性位于一般或较低水平时，沉默的螺旋理论才成立；当个体拥有较高的态度确定性时，舆论环境与人们表达观点和态度的倾向之间的关系不符合沉默的螺旋理论，即当个体拥有较高态度矛盾性时，即使个体感知舆论环境与自身观点不一致，个体也会倾向于表达自己的观点和态度。

2.2.4.2 态度确定性的作用机制

态度确定性被认为是态度强度的一个维度，对于态度确定性作用的研究显示其与态度强度呈正向关系(Tormala & Rucker, 2007)。态度确定性较高时，态度会更加稳定，会提高个体对于说服的抵抗力，使态度对于行为的预见性更强等，表现为结晶(crystallization)效应，即提高态度强度(Clarkson, et al., 2008; Tormala & Rucker, 2007)。

Clarkon 等(2008)对于态度确定性的作用机制提出了放大假设(amplification hypothesis)，指出态度确定性不一定会提高态度强度，而是会放大态度在各个方面的主效应；如果态度的主效应是抵抗说服，则较高的态度确定性会提高对于说服的抵抗力；如果态度的主效应是怀疑而产生态度改变，那么较高确定性则会放大怀疑的程度，使态度更易发生改变。

结晶假设和放大假设的区别在于，前者认为态度确定性的作用是定向的，会提高态度强度，从而带来一系列效果，如提高对于说服力的抵抗、更具稳定性、态度—行为更加一致等。而后者指出，态度确定性的作用方向依赖于其所属态度的主效应，其作用是放大主效应。Clarkon 等(2008)认为一维态度和二维态度的主效应存在区别，结晶假设一直处于主导是因为传统研究的目标态度为一维的；在一维态度领域，放大假设和结晶假设得到的结论是一样的，但在二维态度——矛盾性态度领域，二者得到的结论是相反的。

Clarkon 等(2008)针对矛盾性态度进行了研究，认为态度确定性会放大矛盾的态度的作用，个体对自身矛盾的态度的确定性越高，会使态度越趋于不稳定、态度-行为的一致性越弱，会促使个体更多地进行信息搜索和信息加工，即表现为放大假设。放大假设将态度确定性的作用扩展到二维态度领域，为二维态度的相关研究提供了新的思路。

2.3 在线购物和在线口碑

2.3.1 在线购物

在线购物已成为当前零售业中非常重要的一种形式，占据了相当的份额。艾瑞咨询最新数据显示，2014 年第二季度，中国网络购物市场交易规模达 6287.6 亿元，同比增长 47.1%；国家统计局发布的数据显示，2014 年第二季度中国社会消费品零售总额达到 6.2 万亿元，网络购物在社会消费品零售总额中的占比为 10.1%，首次单季度渗透率突破 10%(张向丽，2014)。

2.3.1.1 在线购物感知收益

在线购物方式能为消费者带来传统方式下没有的诸多优势。不同学者从不同角度将在线购物方式下消费者的感知收益(perceived benefit)进行了分类。

Wolfinbarger 和 Gilly(2001)将消费者购物动机分为目标型(goal-oriented)和体验型(experiential)两种。目标型动机是要完成既定购物任务；体验型动机是以购物体验为目标，不一定具有完成购物任务的目标，主要表现为一家店铺一家店铺地浏览。目标型动机下，消费者在在线购物方式下感知的收益包括便利性(convenience)、众多的选择性(selection)、信息丰富性(information availability)、避免不喜欢的实体零售服务的社交(unwanted sociality from retail sales)或购物同伴。Wolfinbarger 和 Gilly(2001)通过调查发现这些感知的收益让消费者比在传统实体购买方式下感知到了更多的自由(freedom)和控制(control)。在体验型动机下，在线购物也为消费者带来了积极的因素，如更多的惊喜、更容易遇到打折商品等。

Rohm 和 Swaminathan(2004)根据消费者预期的从在线购物方式中获取的收益动机，将在线购物消费者分为四类：追求便利的消费者、追求多样化的消费者、平衡性消费者和定位于商店的消费者。

Forsythe 等(2006)将消费者在线购物感知的收益分为功能性和非功能性两种，功能性收益主要与实用型效果相关，如购买的便利性、选择的多样性、商品质量和价格的优势等；非功能性收益主要与消费者社会性、情感性的需求相关，如有趣的购买体验等(Bhatnagar & Ghose, 2004a, b)。Childers 等(2002)通过 2 个实证研究，发现功能性收益和享受性收益对于在线消费者的态度都有显著影响；由此提出，基于在线消费者感知的享受性收益进行相关网站氛围设计也是值得关注的一个方面。

贺和平和周志民(2013)从在线购物的消费者体验角度来解析在线购物价值，从在线购物体验的四个维度(感官体验、实用体验、认知体验与关系体验)识别了在线购物体验价值的四种类型，包括经济性价值、社会性价值、享乐性价值以及利他性价值，并通过实证研究发现消费者感知的在线购物体验正向影响其感知的在线体验价值，而在线体验价值又会影响在线消费者的在线购买决策。

2.3.1.2 在线购物感知风险

在线购物作为新的技术和方式，在为消费者带来前所未有的收益的同时，也由其独有的特点而使消费者感知到比线下购物更为突出的风险(Lee & Tan, 2003)。

(1)感知风险

感知风险(perceived risk)的概念源于心理学领域，后被引入消费者行为学领域(Bauer, 1967)。消费者感知风险相关研究无论在实践领域还是在学术界一直都受到关注，其研究涉及很多领域，包括跨文化比较(Alden, et al., 1994)、食品技术(Clayton, et al., 2002; Röhr, et al., 2005)、牙医服务(Garretson & Clow, 1999)、银行业(Kim & Prabhakar, 2000)等。

关于消费者感知风险，Bauer(1967)强调消费者感知风险指的是主观感知风险，而不是真实世界的客观风险；一般消费者都是面对完全新的购买决策，拥有非常有限的信息用以决策。感知风险是存在于消费者头脑里的主观印象，任何对于感知风险的测量都必须从这一主观性特点出发。

感知风险通常表示购买和使用一种商品或服务而产生负面后果的不确定性，主要包含两个方面：不确定性和不利后果(Bauer，1967)。Jacoby 和 Kaplan(1972)根据 Bauer(1967)定义的两个方面，将消费者感知风险详细定义为两个成分：①一个行为不利后果的损失程度；②消费者主观感知的不利后果出现的可能性。

消费者感知风险按照其来源分为两类：固有风险(inherent risk)和应对风险(handled risk)。固有风险对于消费者来说是来自于商品类型的潜在风险。应对风险是消费者在一般购买情形下，在购买某一商品类型时选择具体商品品牌时感知的风险。应对风险表示消费者针对固有风险进行信息获取和风险降低过程的最终结果(Bettman，1973)。例如消费者在对某一商品类型购买时感知到较高的固有风险，但消费者在具体购买时选择自己有信心的品牌，这时固有风险较高，而应对风险则较低(Bettman，1973；Mitchell，1999)。与此类似，Dowling(1986)将消费者感知风险划分为商品类型风险(product category risk)和特定商品风险(product specific risk)，并针对消费者对这两类风险的处理方式，提出了感知风险和信息搜索处理模型(Processing Model for Perceived Risk and Information Search)。模型指出消费者在进行一项购买决策和信息搜索过程中，存在多个因素影响其感知的整体风险(Overall Perceived Risk，OPR)，整体风险由商品类型风险和特定商品风险构成。消费者主观存在一个可接受的风险水平(Acceptable Risk，AR)。在信息搜索过程中，如果消费者感知的特定商品风险低于可接受的风险水平，则消费者停止信息搜索；否则，则继续进行信息搜索，继续搜索过程中，消费者会衡量继续搜索的成本和收益。这一过程中，消费者感知的可以承担的损失水平起到了调节作用(Dowling，1986)。

消费者感知风险测量是进行实证研究的基础。基本的模型使用感知风险定义的两个维度进行测量——不利后果出现的可能性和不利后果的严重程度。Peter 和 Ryan(1976)提出将两个维度相乘来得到衡量感知风险的指标，如式(2.5)所示。

感知风险=不利后果出现的可能性×不利后果的严重性 (2.5)

在不同领域对消费者感知风险进行测量和评价时，学者们从其后果角度建立了多维度模型。Jacoby 和 Kaplan(1972)将消费者感知的风险分为5类：财务风险、绩效风险、身体风险、心理风险和社会风险。Stone 和 Gronhaug(1993)将感知风险归纳为6个方面：功能风险、身体风险、经济风险、心理风险、社会风险和时间相关风险，并通过实证分析发现这6个方面对于消费者感知的整体风险具有相当高的解释能力。

(2)在线购物感知风险

随着在线购物的发展，学者们开始关注在这种新兴购物方式下，消费者感知风险呈现的新特征，并研究其对于消费者选择在线购物方式和进行在线购物决策的影响。

对于在线购物消费者感知风险的维度研究被认为是非常重要的，准确地识别和划分有助于研究感知风险对于消费者在线购物决策的影响(Forsythe & Shi, 2003; Luo, et al., 2010)。对于消费者在线购物感知风险的维度，目前还没有完全统一的结构，但大多数研究中涉及的维度具有相当的重复，各研究结合特定的行业、应用背景、侧重角度试图探索完整的结构。

Forsythe 和 Shi(2003)将在线消费者和商品网页浏览者的感知风险分为4个维度：经济风险、产品性能风险、心理风险和时间风险，并研究发现感知风险对于阻碍消费者在线购物具有显著作用。

Miyazaki 和 Fernandez(2001)针对网上购物的特征，提出消费者感知的个人隐私和安全支付因素也成为影响在线购物方式下感知风险的维度，并对在线购物行为产生影响。Crespo(2009)根据技术接受模型提出了扩展的电子商务接受模型(Extended E-Commerce Acceptance Model)，包含6个感知风险维度，在 Forsythe 和 Shi (2003)的4维度的基础上增加了社会风险和个人隐私风险，并通过两个样本实证发现，在各维度的重要性程度上，经济风险和产品性能风险重要性较高，而社会风险和时间风险重要性较低。

Zhang等(2012)指出，传统的对于在线购物感知风险的维度划分强调在线交易过程中的各项因素，其研究在已有研究提出的5个感知风险维度(社会风险、经济风险、个人隐私风险、时间风险和质量风险)的基础上，从在线购物交易完成后的角度强调整合，增加了3个维度：健康风险、运输风险和售后风险，形成在线购物感知风险8个维度的结构。其中，健康风险包含两个方面：一个方面是由于在线购物方式下长期使用电脑带来的对于身体健康的危害；另一个方面是购买到伪劣产品对身体造成的危害。运输风险指商品丢失、损坏及错误投递带来的损失。售后风险指与售后服务相关的产品问题、商业纠纷和服务保证等潜在损失。研究使用中国电子商务数据进行实证检验，结果显示经济风险、社会风险和个人隐私风险3个维度对于消费者在线购买行为的负向影响并不显著。研究根据中国电子商务实际应用环境分析原因，在中国，目前大型在线购物网站基本实行“7天无理由退货”及提供第三方退款保证等政策，使消费者感知的经济风险大大降低。同时，在线消费者现在通常认为安全性和隐私性是在线购物的一个基本要求，因此并未对其具体购买行为产生影响。

消费者在线购物感知风险的研究都显示其与在线购物意图和行为存在显著负向关系(Ariff, et al., 2014; Cases, 2002; Doolin, et al., 2005; Hassan, et al., 2006; Kim & Lennon, 2013; Pires, et al., 2004; Tsai & Yeh, 2010)。

2.3.1.3 在线购物服务质量

在线购物服务质量最早被定义为在线网站实现有效率和有效果的挑选、购买、送货和服务的程度；这一定义是全面、综合的，包含售前和售后的服务内容(Zeithaml, et al., 2002)。在线电子商务服务质量对于消费者在线购物的满意度、忠诚度等有着显著影响(Cristobal, et al., 2007; González, et al., 2007; Lee & Lin, 2005; Sivadas & Baker-Prewitt, 2000)。研究多从探索在线购物服务质量维度和验证其与消费者相关在线购物行为、决策、满意度、忠诚度等的关系展开。

Lee 和 Lin(2005)对在线电子商务服务质量对于在线购物消费者的购买决策、满意度的影响进行了研究，发现网站设计、网站可靠性、反应速度和信任影响着消费者感知的整体在线服务质量，并对消费者购买决策和满意产生影响。

查金祥和陈明亮(2005)对在线购物服务质量的构成要素进行了研究，研究结果显示在线购物商店的10项服务质量要素对消费者购买意愿产生显著影响。在线服务质量要素包括：消费者感知的网站设计的美观性、为消费者提供的个性化服务、安全性、互动性、服务失误补救措施、信用度、便利性、价格优势、易操作性、购物流程弹性。

Zeithaml(Zeithaml, et al., 2002)归纳的消费者感知的在线购物服务质量评价标准分为五个方面：①信息可获取性和内容设计；②易用性；③隐私保护及安全性；④外观风格；⑤可靠性。

在线购物信息可获取性和信息含量的深度和广度是对消费者影响比较大的一个因素(Swaminathan, et al., 1999; Wolfinbarger & Gilly, 2001)。在线消费者期望通过线上方式能够获取比线下方式更为直接的相关信息以及能获取比线下通过产品目录得到的更多的信息(Ariely, 2000; Van den Poel & Leunis, 1999)。消费者感知的在线购物的一个重要收益是减少关于产品和相关信息的搜索成本(Alba, et al., 1997; Ariely, 2000)。是否提供足够的信息对产品进行比较和选择成为对于一个在线网站评价的重要标准。信息内容能够方便价格和信息的搜索，提高消费者体验满意度和对购买产品的满意度，并提升再次访问和购买的意愿(Lynch Jr. & Ariely, 2000)。

在线交易需要涉及的环节和步骤对于许多消费者来说显得比线下方式更为复杂。易用性(Ease of use)被定义为“潜在使用者预期使用目标系统不需要付出努力的程度”(Davis, 1989)。与其相关联的还有被感知的有用性(Usefulness)。许多研究发现感知的易用性和有用性对个体对于系统使用的态度、意图和行为存在影响(Doll, et al. , 1998; Gefen & Straub, 2000; Keil, et al. , 1995; Saadé & Bahli, 2005; Subramanian, 1994)。在线购物消费者需要使用在线网站系统完成从信息搜索到商品购买、售后服务等一系列售前、售中、售后活动，消费者感知的在线网站的易用性和有用性也直接影响到其对对应在线网站的态度、购买意图和购买决策。Henderson 和 Divett (2003)基于技术接受模型(Technology Acceptance Model, TAM)，在在线超市应用领域检验了消费者感知的易用性和有用性对于消费者在在线超市消费的意图和购买决策的影响。也有学者对在线购物环境下，网站易用性和有用性的具体维度进行了探索，为具体在线购物网站设计提供了方向。Häubl 和 Trifts(2000)研究认为在线购物的互动性辅助设计能够在消费者购买决策的搜索和决策两个阶段(建立达到标准的选项集及在选项集中进行深度比较和选择)都起到积极的作用。

隐私保护及安全性涉及两个不同的方面，是在线服务质量评价的关键指标(Belanger, et al. , 2002; Miyazaki & Fernandez, 2000, 2001; Tsai, et al. , 2011; Udo, 2001)。隐私保护主要涉及对于消费者个人信息的保密(不能与其他网站共享或出售)、保护消费者匿名性等(Benassi, 1999; Caudill & Murphy, 2000; Earp & Baumer, 2003)。安全性指防止消费者由于在线使用信用卡信息和其他财务信息而导致财务欺诈、经济损失等(Ni, et al. , 2003; Wang & Morison, 2006)。

在线网站的外观风格一般包括网站界面设计的相关内容，如颜色、布局、字体、设计风格、图片、多媒体等。这些因素影响消费者的直接使用感观(Ariely, 2000; Baloglu & Pekcan, 2006; Zhang & Von Dran, 2000)。

信息系统的可靠性一直都是使用者进行评价的重要指标。在线购物环境下，在线网站的可靠性表现为在线交易中各项功能能准确、及时地完成(Zeithaml, et al. , 2002)。Wolfinbarger 和 Gilly (2001)发现在线网站的可靠性对在线消费者满意和再次购买的意图具有显著影响。

2.3.2 在线口碑

2.3.2.1 在线口碑定义

传统口碑是指熟人间关于商品的一种非商业形式的口头信息交流(Arndt, 1967)。随着在线购物的发展，传统口碑演绎成为新的形式——在线口碑。

在线口碑指由潜在消费者、事实消费者或之前消费者通过网络平台给出的关于一个商品或公司的积极或消极的陈述(Hennig-Thurau, et al., 2004)。在线口碑在在线消费者的购物评价和购买决策过程中发挥着重要作用(Cheung, et al., 2008)。

相关文献中对在线口碑使用了多种不同的名称表述，如电子口碑(electronic word-of-mouth, ewom)(Cheung, et al., 2009; Jansen, et al., 2009; Phelps, et al., 2004)、在线评价(online reviews)(Duan, et al., 2008a; Hu, et al., 2008; Hu, et al., 2006)、在线推荐(online recommendation)(Benbasat & Wang, 2005; Dabholkar & Sheng, 2012)、在线评论(online comments)(Pavlou & Dimoka, 2006; Walther, et al., 2010)等。

2.3.2.2 在线口碑与消费者

在线口碑对消费者的影响已成为研究的热点。很多研究关注在线口碑传递的效果(Chevalier & Mayzlin, 2006; 殷国鹏，等, 2012)。相关研究设计的范围和角度非常广泛，研究方法也不尽相同。

Park 和 Lee(2009)将在线口碑影响力的研究分为两个层次：市场层次分析和个体层次分析。市场层次分析的研究关注市场层面的参数(如产品销售量)。这一类研究使用从网站抽取的客观面板数据(如消费者在线评论的极性、比例等)来检查口碑信息对于商品销量的影响(Chevalier & Mayzlin, 2006; Clemons, et al., 2006; Dellarocas, et al., 2007)。个体层次分析的研究的基本观点是在线口碑传播是个人影响的过程，是口碑传递者和接收者之间的交流过程，对接收者的态度和购买决策产生影响(Park Do-Hyung & Kim Sara, 2009; Park & Lee, 2009)。

Wu(2012)将相关研究分为三个层次：市场层次、产品/公司层次和消费者/信息层次。

(1)市场层次

市场层次的研究关注在线口碑与市场销售层面的关联，如研究高效在线评价系统对于市场销售的有效性。这类研究关注在线口碑系统的设计，通过建模、实验和实证研究，研究能产生有效经济效果的在线口碑系统具有的特点(Wu, 2012)。

学者们发现在线口碑系统，无论其多么简单，都能提高商品的市场表现(Dellarocas, 2005; Yang, et al., 2007)。相关研究涉及在线口碑在实际应用中的各个行业，研究结果显示，在线口碑与产品的市场销售存在显著关系(Moe & Trusov, 2011)。Chevalier 和 Mayzlin(2006)使用两个网站(Amazon. com 和 Barnesandnoble. com)的数据进行实证研究，发现积极的口碑信息与网站图书销量成正比。Duan 等(2008b)对电影上映过程中，电影票房和在线口碑之间的动态关系进行研究，认为在这种动态相关作用关系中，在线口碑既是前置因素，又是结果；研究发现电影票房和口碑极性对口碑数量有显著影响，口碑数量的增加又反过来引起电影票房增加。这种积极的反馈机制显示口碑对于产生和维持零售销量是非常重要的。Ye 等(2009)通过收集中国最大旅游网站的数据进行实证研究，结果显示在线消费者口碑与在线旅馆预定数量之间存在显著关系。

在线口碑根据来源不同可分为消费者口碑和第三方评价信息。有学者针对这两种口碑对于产品销售的影响进行具体比较和研究，研究显示这两种口碑对市场表现的作用方向、作用时间存在差异(Chen, et al., 2012; Zhang Ziqiong, et al., 2010)。Zhang 等(2010)对关于餐厅的两种在线口碑(消费者口碑和专业编辑评价)对于消费者的影响进行比较分析，研究结果显示消费者给出的关于食物质量、环境和服务的评价等级和口碑数量与在线消费者对于餐厅的态度存在正向关系；而专业编辑评价与消费者去访问该餐厅网页的意愿呈现负向关系。Chen 等(2012)研究了新产品的第三方评价是否影响该公司的财务价值。研究显示，第三方评价的作用在产品发布前具有影响，在产品发布当天影响最大，但在发布日之后，其作用消失；研究还发现广告支出和第三方评价对于公司价值的影响存在显著正相关关系，并可以缓冲负面影响。Chen 等(2012)的研究为企业如何最有效利用第三方口碑信息和调节第三方口碑信息的作用提供了参考。

(2)产品/公司层次

这一层次的研究主要关注对于一个产品或公司，影响其在线口碑信息生成的因素、在线口碑信息的演变和市场策略(Wu, 2012)。

①影响在线口碑信息数量的因素。消费者在线对目标商品提供口碑信息是一种自愿行为。关于影响在线口碑信息生成因素的研究主要关注哪些因素会影响消费者提供口碑信息的意愿及更倾向于提供积极或消极的口碑信息。市场层次的研究已经表明消费者在线口碑信息对于产品市场表现具有显著影响，企业对消费者口碑信息的数量及褒贬倾向的关注成为值得研究的又一重要领域。

消费者对于目标商品发布主观口碑的意愿影响产品所拥有和积累的口碑数量。学者们针对不同行业里目标商品特征(Dellarocas, et al., 2010; Feng & Papatla, 2012)、广告支出(Feng & Papatla, 2011)、市场因素(Chen, et al., 2011)、市场阶段(Chen, et al., 2011)等对于消费者发布口碑信息的意愿进行了研究。Dellarocas 等(2010)针对电影的流行性，对消费者对于电影给予在线口碑信息的意愿进行研究，发现消费者更愿意对流行度较低和成功度较低的电影给出自己的观看评价；当已经存在其他消费者口碑时，消费者更愿意给出自己的评价。Feng 和 Papatla(2011)通过对不同年度数据进行比较，发现汽车品牌的口碑数量与当年的广告支出存在负向关系，认为增加品牌广告支出会减少该品牌在线口碑信息。Feng 和 Papatla(2012)研究了消费者对于新上市的产品和改进产品进行在线评价和交流的意愿差异，通过对汽车行业 2001 年和 2008 年的数据进行分析，结果显示消费者对改进产品进行在线评价和交流的意愿更强。Chen 等(2011)对消费者发布在线口碑行为和市场变量(如产品价格、质量等)之间的关系进行了研究，发现其间的关系在因特网使用的初期和成熟阶段存在差异：在消费者使用因特网初期，价格因素与发布在线评论的意愿呈负向关系；在消费者使用因特网的成熟阶段，价格因素和消费者发布口碑信息的数量呈现 U 形关系。

②影响在线口碑信息极性的因素。在线口碑信息的极性对于消费者购买意愿和产品的市场表现存在显著影响（Chen, et al., 2011b; Chevalier & Mayzlin, 2006; Ye, et al., 2009）。研究影响消费者给出在线口碑时的褒贬性倾向非常重要。

Li 和 Hitt(2010)认为消费者对于目标商品的评价是基于价格和质量两个因素的，即感知价值。在一维评价体系下，即消费者对商品给出整体评价时，当商品价格发生变动时，消费者感知的价值发生改变，从而其口碑极性会因价格因素的变化而发生偏移。Li 和 Hitt(2010)认为评价体系设置为对商品感知的价格因素和质量因素单独进行评价能更好地为消费者提供信息。Chen 等(2011)针对消费者使用因特网的不同阶段进行研究发现：在消费者使用因特网初期，价格因素与消费者口碑整体极性之间呈现 U 形关系，其关系在后续时期变得不显著。Chen 等(2011)认为这种差异可能是源于因特网不同使用阶段拥有的消费者群体，而不同的消费者群体对于发布在线口碑的动机存在差异。Koh 等(2010)使用互联网电影资料库(Internet Movie Database, IMDB)和豆瓣网(Douban. com)的数据，通过中国和美国数据的对比研究，发现文化差异也会对在线口碑极性产生影响。Koh 等(2010)发现，口碑信息提供的偏移现象(即拥有极端评价的消费者比拥有相对中立性评价的消费者更倾向于发布其评价信息)在美国消费者中(相对于中国消费者)更加显著，致使在线口碑信息整体呈现的产品质量与实际相偏离。

(3)消费者/信息层面

这一层面主要从微观层面研究具体影响口碑信息对于消费者说服力的因素。相关研究涉及的诸多因素可以分为三类：口碑发布者、口碑信息和口碑接收者相关因素(Cheung & Thadani, 2010)。

①口碑发布者特征。口碑发布者的相关特征对口碑信息发挥的作用存在影响。传统口碑的相关研究显示口碑信息的个人来源对消费者的偏好选择有着强烈影响(Arndt, 1967; Herr, et al., 1991)。但在在线口碑情形下，口碑信息的传播不再局限于具有紧密社会联

系的群体(如家庭、朋友),网络技术使任何消费者都能够和地理位置分散且数量众多的陌生人进行有关产品信息的交流。在这种松散的社会联系的背景下,口碑信息源的相关特征成为影响口碑信息发挥作用的关键因素(Cheung & Thadani, 2010)。

口碑信息源可信度(source credibility)是学者们关注较多的一个方面。信息源可信度被定义为信息接收者感知信息源的可相信程度、说服力程度和可信任程度(Cheung, et al., 2008)。具有信息源高可信度的信息被认为是更有用和更可靠的,更容易传递给接收者信息的内容(Ko, et al., 2005; Watts & Zhang, 2008)。信息源可信度的作用在某些情形下是可靠的,但有些因素会对信息源可靠性的作用具有调节作用,如信息来源、信息自身特征、传播渠道、接收者特征等,其中信息自身特征和接收者特征的调节作用最大(Pornpitakpan, 2004)。Watts 和 Zhang(2008)认为口碑信息与接收者已有观点之间的不一致性越高时,信息源可信度对于口碑信息接受的作用越小。

除口碑信息源可信度外,发布者身份的可辨识性(Forman, et al., 2008; Ghose & Ipeirotis, 2011)、共同的地理位置(Forman, et al., 2008)、社会关联(Steffes & Burgee, 2009)、发布者与接收者的同质性(如年龄、性别、受教育程度、社会地位等)(Steffes & Burgee, 2009)等都会影响口碑信息发挥的作用。

②口碑信息特征。口碑信息本身的特征,如口碑信息的极性(积极、消极、中立)及极性程度(Forman, et al., 2008; Korfiatis, et al., 2012; Mudambi Susan M & Schuff David, 2010)、信息量(Mudambi Susan M & Schuff David, 2010; 殷国鹏, 2012)、信息质量特征(Watts & Zhang, 2008; 殷国鹏, 2012)等都会影响口碑信息对于消费者的作用。

也有研究发现,一些因素会对口碑信息特征的作用具有调节作用。Mudambi 和 Schuff(2010)研究发现口碑信息长度对接收者感知的口碑信息有用性具有正向影响,但目标商品类型对其影响具有调节作用:当消费者面对搜索型商品时(相对于体验型商品)口碑信息长度对于感知有用性的影响更大;目标商品类型对于口碑极性的影响也具有调节作用：对于体验型商品（相对于搜索型商品），具有极端性评分的口碑信息相对于中间评分的口碑信息影响力较小。Watts 和 Zhang(2008)认为口碑信息与接收者已有观点之间的不一致性越高时，接受者会付出更多努力对信息进行加工，口碑信息质量特征对于口碑信息的接收有更大作用。

③接收者特征。面对相同口碑信息发布者和相同口碑信息，不同接收者由于自身某些属性特征的差异，会呈现对于口碑信息接收的差异(Chaiken & Eagly, 1976)。研究显示消费者性别(Dellarocas, et al., 2007)、感知的卷入度(Cheung, et al., 2009; Doh & Hwang, 2009; Lee, et al., 2008)、信息搜索的目标性(Watts & Zhang, 2008)、怀疑态度(Sher & Lee, 2009)等会对口碑信息发挥的作用产生影响。

Sher 和 Lee(2009)研究了消费者个体的怀疑态度对口碑信息作用的影响。研究结果显示具有高怀疑态度的消费者倾向于建立在固有的观念上形成态度，而不受情景因素的影响，导致他们对于特定类型的口碑信息具有偏向性而不在意信息质量；具有低怀疑态度的消费者倾向于采取边缘路线来形成态度，更容易受到口碑信息数量的正向影响。

Zhu 和 Zhang(2010)认为口碑信息接收者的网络使用经验越多，其使用获取的在线信息形成判断的信心更强，更容易受到口碑信息的影响。Park 和 Kim(2009)研究了接收者自身知识对于其接收口碑信息的影响，其研究认为具有较多专业知识的消费者更容易受到观点建立在客观描述上、以属性为中心(attribute-centric)的口碑的影响；而具有较少专业知识的消费者更容易受到观点建立在主观推荐上、以收益为中心(benefit-centric)的口碑的影响。Zhang 等(2010)研究了消费者消费目的对于在线口碑极性说服力的调节作用，研究认为具有不同消费目的的消费者对于正面和负面口碑信息主观赋予的权重存在差异：以优化性消费(promotion consumption)为目标的消费者会感知正面口碑信息比负面口碑信息更具有说服力(正向偏移)，以防护性消费(prevention consumption)为目标的消费者会感知负面口碑信息比正面口碑信息更具说服力(负向偏移)。

2.4 信息加工理论

2.4.1 双加工模型(Dual Processing Models)

在个体对于信息加工方式的研究中，双加工模型已成为主流的观点。双加工模型的观点指出，个体在对信息进行加工时有两种不同的加工方式：主动的、投入较多努力的加工方式和相对投入较少的加工方式(Bohner, et al., 2011)。个体由于各方面因素的影响可以选取一种方式，或同时应用两种方式。双加工模型以精细加工可能性模型(Petty & Cacioppo, 1986)和启发式—系统式模型(Eagly & Chaiken, 1993)为代表。

2.4.1.1 精细加工可能性模型(Elaboration Likelihood Model, ELM)

(1)精细加工可能性模型的基本思想

精细加工可能性模型认为，虽然个体都想对目标对象获得正确的态度，但人们进行信息评价时愿意和能够投入的对相关信息精细加工(elaboration)的量(amount)和质(nature)会随着个人和情形因素不同而不同(Petty & Cacioppo, 1986)。个体对于信息进行精细加工(elaboration)的程度被视为是连续的，并位于两个端点之间。一个端点表示个体投入的加工努力为零，另一个端点表示个体投入加工努力的极大值。个体对于某个信息加工投入的努力落在两个端点之间的某个位置(Cacioppo & Petty, 1984)。个体对于信息精细加工投入努力的多少取决于两个因素：个体对于信息精细加工的能力(ability)和动机(motivation)。当个体对于信息精细加工的能力和动机高时，个体会对信息处理投入较多的认知资源；反之，个体面对信息态度发生改变时，可能依赖一些线索做出推论，如信息的分歧性、信息源特征等，而不是根据对信息的精细加工得出结论(Petty & Cacioppo, 1986)。

据此，精细加工可能性模型提出，个体对信息进行加工存在两种模式：一种称为中心路线(central route)：当个体对信息进行仔细的分析和思考的能力与动机高时，个体投入较多的精细加工努力；另一种称为边缘路线(peripheral route)，当个体对信息进行精细加工的能力和动机低时，个体面对信息态度的形成或改变依赖说服背景下一些积极或消极的线索来形成判断，而未对信息进行仔细的分析和思考，投入较少的努力(Cacioppo & Petty, 1984; Petty & Cacioppo, 1986; Petty & Wegener, 1999)。个体在信息加工过程中，可能选取某一路线，也可能同时采取两种路线(Petty & Cacioppo, 1986)。Zhou(2012)对移动银行用户初始信任的建立进行了研究，发现用户在根据相关信息形成初始信任时同时采取了两种路线，中心线索包括信息质量和服务质量，边缘路线包括系统质量、结构性保证和名誉。

(2)影响个体信息加工过程的因素

影响个体信息加工过程的因素分为两大类，一类是影响信息加工的动机和能力，从而影响个体对于信息加工的模式；另一类是会使个体信息加工过程产生非客观性的偏移(Biased-Processing)(Petty & Cacioppo, 1986)。

第一类因素对个体信息加工的动机和能力进行影响，但其不影响个体对于信息加工的客观性，即信息处理过程不会特定地倾向于某个结果。如个体感知形成态度的重要性程度或相关性程度高或低，会使个体对信息进行精细加工或选择简单线索进行决策，但无论个体选择哪种方式，其对信息进行加工形成态度的过程依然是客观的(Petty & Cacioppo, 1986)。影响个体信息加工能力的因素包括：信息的复杂度(Hafer, et al., 1996)、对信息进行处理的时间限制(Kruglanski & Freund, 1983)、个体拥有的与信息内容相关的知识(Wood, et al., 1985)等。影响个体信息精细加工动机的因素包括：形成态度的个人相关度或卷入度(Petty & Cacioppo, 1979, 1990; Yang, et al., 2006)、个体认知需求(Cacioppo, et al., 1983)、对信息评价的个人责任(Petty, et al., 1980)、和别人讨论该信息的期望(Chaiken, 1980)、使用该信息对某一人们感觉矛盾的话题发表意见(Maio, et al., 1996)等。个体的某些特征也会使个体更倾向于采取某种加工路线。如个体对于信息的信任倾向。怀疑态度较低的个体，更倾向于采取边缘路线对信息进行加工，对信息的数量更为敏感(Sher & Lee, 2009)；Yang 等(2006)研究了在线购物环境下，消费者卷入度和自身焦虑度对于加工路线选择的影响，发现高卷入度和低焦虑度的消费者采取中心路线对商品信息进行加工，低卷入度和高焦虑度的消费者采取边缘路线对商品信息进行加工。

第二类因素会对个体进行信息加工过程的客观性产生影响。例如，当某人已经购买了一台计算机，他对这台计算机可能拥有正面的态度，并且想保持这种积极态度，因为如果认为自己的选择是错误的，会引起感知的不协调。如果他在刚刚购买后阅读了关于这款电脑的消费者评价文章，则他不太可能会对这篇文章的内容进行客观的处理。因为他想保持已有的积极态度，会对于文章信息尽量地往积极方面去理解(Petty & Cacioppo, 1986)。还存在其他一些因素会使个体忽略或拒绝信息相关内容。比如，提前提醒信息接收者信息发布者的动机会激起其对信息的反驳和抵制(Petty & Cacioppo, 1979)；负面情绪会让个体更容易形成负面的想法(Bower, 1981)；对于自己的态度拥有更多的相关知识会让个体更倾向于拒绝对立的观点(Wood, et al., 1985)。

(3)精细加工的结果

当个体形成的态度建立在高水平的信息精细加工基础上时，个体对于对立的信息拥有更强的基础来维护自己的态度，其自身态度拥有更高的可获取性和信心，从而其态度也对个体的行为具有更大的影响。采取中心路线(相对于采取边缘路线)形成的或被改变的态度在时间上更具有稳定性，对于说服更具有抵抗力，对于认知和行为的影响更强(Petty & Cacioppo, 1986)。这些都是衡量态度强度的维度(Petty, et al., 1995)。这意味着，尽管采取中心路线和边缘路线能使态度发生相同的改变，但中心路线会产生更大的态度强度(Petty & Cacioppo, 1986)。中心路线产生更大态度强度可能是受三种机制的作用：第一是相关思考会提高态度相关知识结构的一致性；第二是态度相关信息会被反复获取，从而产生态度可获取性；第三是个体感知到自己投入了更多的思考，从而对形成的态度具有更多的信心(Petty, et al., 1995)。

2.4.1.2 启发式—系统式模型(Heuristic-Systematic Model, HSM)

(1)启发式—系统式模型的基本思想

启发式—系统式模型提出个体对信息加工存在两种模式：启发式和系统式。启发式投入相对较少的加工努力，系统式投入较多的加工努力(Bohner, et al., 1995; Eagly & Chaiken, 1993)。启发式—系统式模型认为个体对于准确性的追求和对形成的态度的足够信心是促使个体进行信息处理的动因，个体会为了实现这两个目标而付出需要的努力，个体会在投入最少努力和实现这两个目标之间进行平衡(Eagly & Chaiken, 1993)。

启发式处理是有限的信息处理方式，只需要投入较少的认知努力和认知资源。一般来说，个体希望对于信息投入最少的努力，只根据一些表面线索和简单判断规则来评价和进行决策(Griffin, et al., 2002)。系统式处理相对来说需要更多更为全面的努力来分析和理解信息，并对信息进行仔细和深入的评价。系统式处理形成的态度相对于启发式处理形成的态度更加稳定，对于行为的影响更大(Griffin, et al., 2002; Trumbo, 1999)。个体会同时采取两种处理方式，以达到个体认为的足够的信心程度(Eagly & Chaiken, 1993)。

主要有三个因素影响个体采取不同的信息处理模式。第一个因素是自我效能(self-efficacy)，指个体自己感知的在特定情形下获取和使用信息的能力。系统式处理方式被认为是要求更高的活动，因此在感知自我效能高时通常被采用。第二个因素是信息充分性，是最少努力和充分性假设的关键。个体在信息处理过程中寻求效率，其效率体现在获取态度准确性和信心充分性平衡过程中的经济性。这一因素的影响表现为个体认为决策所需的信息量和其认为已经拥有的信息量之间的差值。差值越大时，个体越倾向于采取系统式处理。第三个因素是动机，即个体感知特定情形下决策的重要性程度。个体感知的重要性程度越高，越倾向于采取系统式处理(Trumbo, 1999)。

(2)启发式—系统式模型的特点

HSM 和 ELM 模型有一些类似的假设。两个模型都提出个体对于信息加工的努力程度在一个连续性的范围内，并且受到信息接收者动机和认知能力的影响。HSM 的系统模式和 ELM 中的中心路线比较相似，是一种全面的定位于分析的方式。这种方式下，信息接收者对信息进行仔细分析，整合有用信息形成其判断(Chaiken & Eagly, 1989)。HSM 相对于 ELM，对于投入努力较少的处理模式定义更为狭窄和具体。HSM 的启发式处理模式指依赖启发式线索，依据简单推理规则来形成评价和推论，而 ELM 的边缘路线包含更为广泛的使用较少努力的处理方式。启发式处理模式虽然投入较少努力，但其发生建立在启发式线索存在的基础上，并会在形成态度判断时考虑启发式线索的可靠性(Darke, et al., 1998)。

HSM 的另一个特点在于其强调两种处理模式的关联。虽然 HSM 提出，在动机和处理能力高时，个体主要采取系统式模式；在动机和处理能力低时，主要采取启发式模式，但 HSM 并没有提出个体需要在两种模式中进行权衡和选择。反而，启发式处理在个体投入较多努力处理的过程中也可以影响信息的说服力，其发挥作用的过程可以是独立的，也可以是一种交互作用的方式。这种方式包含四个假设(Bohner, et al., 1995)。

(3)两种模式相互作用的四个假设

第一个假设是累加假设(additivity hypothesis)。启发式处理和系统式处理的结果在不相互矛盾时，能够对态度形成具有独立的主效应(如一个可信的信息发布者给出的具有说服力的观点)(Bohner, et al., 1998; Chaiken & Maheswaran, 1994; Maheswaran & Chaiken, 1991; Martin & Hewstone, 2003)。第二个假设是削弱假设(attenuation hypothesis)，即当两种模式得到的结果相反时，其最终态度是两个主效应综合的结果，启发式处理的结果往往会削弱系统式处理得到的态度强度(Chaiken & Maheswaran, 1994; Maheswaran & Chaiken, 1991)。第三个假设是偏移理论(bias hypothesis)。这一假设指出当一条说服性信息模棱两可或包含混合型成分时，启发式处理的结果会使个体对于信息的理解和认知倾向于启发式线索的极性方向(Bohner, et al., 2008; Bohner, et al., 2002; Chaiken & Maheswaran, 1994; Erb, et al., 1998)。Chaiken 和 Maheswaran (1994)通过实验发现，具有较高处理动机和处理能力的被试面对模棱两可的信息时，其认知反应和态度受到可信度线索的同向影响。第四个假设是反向假设(contrast hypothesis)，提出当基于启发式线索得到的对于信息的预期和信息不一致时，会导致对于信息的理解和反应趋向于启发式线索极性的相反方向(Bohner, et al., 1995)。Bohner 等(2002)通过实验发现，当信息来源线索极性和信息内容不一致时，会使个体对于信息的理解趋向于信息来源线索极性的相反方向。被试在阅读了来自于高专业性信息源(相对于低专业性信息源)的"弱"信息后，最终态度呈现较低的偏好；而当被试阅读了来自于低专业性信息源(相对于高专业性信息源)的"强"信息后，最终态度呈现较高的偏好。

2.4.2 偏颇吸收和态度极化理论(Biased Assimilation and Attitude Polarization Theory)

2.4.2.1 理论提出

(1)偏颇吸收

Bacon(1960)提出，当个体采纳了一个观点后，就会采取一系列行为来支持这个观点，与这个观点保持一致。即使存在大量与这个观点对立的实例，个体也会采取忽略、轻视或拒绝这些实例的方式来维护最初自己采纳的那个观点的权威性。这一观点表达了个体在对信息进行处理时，会受到之前拥有的观点的影响。

Lord 等(1979)借鉴 Bacon(1960)的观点，指出当个体对复杂的社会现象、事件等已持有很强的观点和态度时，个体在对相关现实证据进行处理和检查时会呈现偏颇行为(biased manner)。个体对相关信息和证据的解读和处理方式会倾向于维持自己原有的态度和观点。Lord 等(1979)提出个体在处理与自己已有观点一致和不一致的证据过程中会采取不同的衡量标准：个体倾向于记住一致性证据中的有利部分和不一致证据中的弱点，对一致性证据采用的检验标准较低，而对不一致证据采取非常严格的检验标准，从而得到一致性证据相关和可靠、不一致证据不相关和不可靠的判断结果，因此，更多地接受一致性证据和信息(相对于不一致性证据和信息)，形成对于两种证据和信息的偏颇吸收(Biased Assimilation)。

Lord 等(1979)提出这种偏颇吸收行为发生的过程在于个体对于两种证据和信息在进行处理时采取了不同的衡量标准，并用实验进行了检验。实验中，被试对于态度目标对象拥有支持或反对的态度，并据以进行分组。每组被试分别阅读两份资料，一份资料的立场为支持，另一份资料的立场为反对(即一份与自己的态度极性一致，另一份与自己的态度极性不一致)，然后实验让被试对两份资料的严谨性和可信性进行评价。从组内分析，每个被试对于与自己观点一致的资料的严谨性和可信性的评价都高于对与其观点不一致信息的评价；从组间分析，对于每份资料，与其观点一致的被试给出的评分都高于与其观点不一致的被试给出的评分。

(2)态度极化

在不同个体根据自身已有态度，对于混合型信息进行了偏颇吸收后，会形成不同的最终态度。Lord 等(1979)还对个体对于混合型或矛盾性的信息偏颇吸收的后果进行了研究，认为个体在信息处理过程中偏颇吸收行为会导致个体态度更多地受到与自己已有观点一致的信息的影响，从而使已有态度的极性程度提升，即进一步态度极化(Attitude Polarization)。Lord 等(1979)的实验数据得到了与其假设一致的结果。态度极性可以被看作偏颇吸收行为的后果。针对这一后果，Lord 等(1979)指出，对于具有矛盾性和争议性的社会问题，更多地将对立信息公开化，不会让公众通过不偏不倚的判断得到一致的观点，反而会加剧公众观点的两极化分歧。

2.4.2.2　偏颇吸收和态度极化的关系

Lord 等(1979)提出了两个概念：偏颇吸收和态度极化。这两个概念之间有一定关联。偏颇吸收关注的是个体对混合型信息的处理受到其已有态度和观点的影响而产生的偏倚行为，这种偏倚行为是被试对与自身态度极性不一致的信息的判断标准更加苛刻造成的，源自个体维持已有态度权威性的心理反应。态度极化则是个体偏颇吸收的结果，个体在对混合型信息进行偏颇吸收时，更多地接受了与自身态度一致的信息，忽略或拒绝与自身态度不一致的信息，从而使自身态度极性程度增强。

偏颇吸收和态度极化反映的是信息加工过程和信息加工结果，但在进行实验检验时，其结果测量分属两个阶段。两个概念呈现关联性。但后续针对不同领域的问题进行验证性研究时，偏颇吸收和态度极化是否会一致性出现，相关研究得到了不同结果。

在不同领域针对不同态度目标，不少研究同时验证了偏颇吸收行为和态度极化现象(Boysen & Vogel, 2007; McHoskey, 1995; Munro & Ditto, 1997; Munro, et al., 2002; Vallone, et al., 1985)。McHoskey(1995)将对肯尼迪刺杀事件的观点作为态度目标对象进行研究，偏颇吸收和态度极化都得到了验证。McHoskey(1995)还进行了比较分析，让没有初始态度的被试对相同资料进行阅读后，被试观点呈现一致性(都支持阴谋论观点)，并未呈现两极分化，进一步检验了初始态度对被试的影响。

Munro 和 Ditto(1997)通过2个实验，检验被试对于同性恋问题的看法受相关资料的影响。第一个实验使用对该问题有强烈偏向观点的被试，第二个实验使用对该问题观点极性相对中立和温和的被试，实验检验显示偏颇吸收和态度极化都得到了支持。同时，研究发现，被试在阅读与自己观点不一致的资料时，呈现更为负面的情绪，而这一负面情绪成为初始观点与偏颇吸收行为的中介(Munro, et al., 2002)。Munro 和 Ditto(1997)的研究从情绪的角度来解释偏颇吸收行为的产生。

但也有学者对态度极化是否普遍存在持有怀疑态度(Corner, et al., 2012; Kuhn & Lao, 1996; Miller, et al., 1993; Munro & Ditto, 1997; Plous, 1991)，并通过实验检验发现，偏颇行为出现时，并未稳定地出现态度极化现象。Corner(2012)通过对全球天气改变问题的研究，发现被试呈现了偏颇吸收行为，但对被试态度变化使用测量法时(即根据被试阅读资料前、后态度的差值)，并未出现显著的态度极化，而对被试态度变化使用报告法时(即让被试回答自己阅读资料前、后的态度变化)，出现了一定的态度极化。这一结果一方面体现了对于被试态度变化的测量，测量法和报告法存在不同的测量误差，另一方面也可能证实偏颇吸收和态度极化是独立的结构，不一定同时发生(Corner, et al., 2012)。

2.4.2.3 偏颇吸收的调节因素

偏颇吸收无疑使个体在进行信息处理时失去了公正。学者们试图探索偏颇吸收产生的原因和能调节个体偏颇吸收行为的因素，以求对偏颇吸收行为进行矫正(Lord, et al., 1984)。相关研究从个体感知的结果态度的重要性(Tetlock, 1983)、信息处理采取的策略(Lord, et al., 1984)、两种信息为个体带来的情感反应(Munro & Ditto, 1997; Munro, et al., 2002)、偏颇吸收的形成机制(Glaeser & Sunstein, 2013)、个体信息处理方式(Kahan, 2013)、个体在群体中的定位(Greitemeyer, et al., 2009; Kahan, 2013)等方面进行探究。

Tetlock(1983)认为个体感知的自己判断的重要性会削弱其偏颇吸收行为，弱化态度极性结果。依照认知投入最少原理，人们会根据需要对信息处理投入尽可能少的努力(Eagly & Chaiken, 1993)，Tetlock(1983)认为其之前关于个体偏颇吸收行为的研究没有强调对于目标对象的态度或观点会对被试或其他人产生重要后果，被试在这种情形下就没有足够的动机改变态度。Tetlock(1983)提出当个体有足够动机去形成准确的判断时，如判断对于自身具有更为重要的后果时，个体对信息的处理可能会减少偏颇吸收行为，会更为谨慎地处理信息，对于对立信息会有更高的接受可能性。

Lord(1984)认为偏颇吸收行为的关键原因不在于个体信息处理动机，而在于个体信息处理的策略选择上。Lord(1984)的实验使用两组不同策略：向被试强调“公正性”原则(be unbiased)和向被试提示“考虑对立”情况。实验结果显示，“公正性”原则提示对被试偏颇吸收行为没有影响；被提示“考虑对立”情况的被试的偏颇吸收行为得到缓解，态度极性现象也被弱化。强调“公正性”原则是强化个体公正地处理信息的动机；提示“考虑对立”情况，则是对个体进行公正信息处理的策略作出引导。因此，Lord(1984)认为，要让个体做出公正的信息处理，关键是引导个体使用正确的策略，单纯强化公正动机是无效的。

Glaeser 和 Sunstein(2013)对态度极化的形成机制提出了两种解释：不对称的贝叶斯机制和记忆回转机制，这两种机制都强调了已有态度和记忆发挥作用而使个体忽视或拒绝对立信息。Glaeser 和 Sunstein(2013)认为，信息源的可信度因素可以缓解个体偏颇吸收和态度极化现象：当对个体来说，对立信息的提供者具有相当的可信度，致使其无法忽视或拒绝时，就可以缓解其偏颇吸收行为，使其能被信息说服，态度发生改变，降低态度极性程度。Glaeser 和 Sunstein(2013)指出"反转说服者"(convert communicator)(即之前拥有相反态度的信息发布者)就是具有相当可信度的信息提供者。

Kahan(2013)针对个体特征研究了影响偏颇吸收行为的因素。Kahan(2013)根据已有研究推论认为大众在具有客观证据的事件上拥有两极分化的态度，其中一个原因是大众大多是依赖"投入努力较少"的信息处理方式——启发式驱动的方式来进行信息加工。但实证数据结果显示，其假设并未得到支持，反而显示依赖"投入努力较多"的信息处理方式的个体更倾向于出现偏颇吸收行为。同时，Kahan(2013)认为个体在进行信息加工前已有的处理动机会影响偏颇行为，如与自己所在的群体或组织保持一致的立场和观点。

Greitemeyer(2009)对信息源对于个体偏颇吸收行为的影响研究也显示了个体与所在群体保持一致的动机的作用。Greitemeyer(2009)的实验结果显示，当被试认为资料的发布者与自己是同一党派时，被试认为其资料更具价值，偏颇行为更显著；当资料发布者党派信息未注明时，被试偏颇吸收行为削弱。

3 研究理论框架

3.1 在线购物消费者初步态度矛盾性形成

3.1.1 基于预期冲突型反应的态度矛盾性模型

态度矛盾性指个体对于态度目标对象同时包含积极态度和消极态度，为个体带来主观认知上的矛盾性和冲突感(Priester & Petty, 1996)。个体的积极态度往往是依赖于关于态度目标对象的正面信息形成的，个体的消极态度往往是依据关于态度目标对象的负面信息形成的。在态度矛盾性相关研究实验中，在对被试态度矛盾性进行操纵时，向被试展示关于态度目标对象的正面信息，以使被试形成关于态度目标对象的积极态度；向被试展示关于态度目标对象的负面信息，以使被试形成关于态度目标对象的消极态度，通过控制正面信息和负面信息的比例，来实现对于被试态度矛盾性的控制(Conner & Sparks, 2002; E & K, 2011; Thompson, et al., 1995)。相关研究通过两极信息(正、负面信息)来操纵被试态度的二维结构(积极态度和消极态度)，以形成态度矛盾性。

Priester 等(2007)研究了单极信息也会引起个体态度矛盾性的机制，提出了基于预期冲突型反应(anticipated conflicting reaction)的态度矛盾性模型。Priester 等(2007)认为，个体在面对单极信息时，依据单极信息形成对于态度目标对象的主导型态度①(dominant

① 个体具有的积极态度和消极态度中，程度较高的那个态度被称为主导型态度，而对立的态度(即程度较低的)被称为冲突型态度。

attitude)，但同时，个体会对于关于态度目标对象的对立信息具有一定预期。虽然个体未获取任何对立信息(或获取了非常少的对立信息)，但个体会预期这些对立信息应该存在，因为常识让个体认为事物并不完美，往往具有两面性。基于这种预期，个体会形成基于预期的冲突型态度。这时，个体的态度就具有二维性，主导型态度和预期冲突型态度让个体产生态度矛盾性。在模型中，Priester等(2007)提出主导型态度对于预期冲突型态度具有反向作用，预期冲突型态度对于态度矛盾性具有正向作用，并担当了主导型态度和态度矛盾性的完全中介，即主导型态度完全通过对预期冲突型态度产生作用来影响态度矛盾性。基于预期冲突型反应的态度矛盾性模型较好地解释了现实中当个体面对单极信息时产生态度矛盾性的机制。

3.1.2 在线购物方式特征

3.1.2.1 商品页面信息的单极性

在线购物方式下，消费者对于感兴趣的商品首先会浏览其信息页面。商品信息页面是消费者获取商品信息的主要途径。商品信息页面是由商家设计和提供的。根据现实中的情形，在线购物商品页面展示的信息一般都是正面的，这也符合商家销售推广的动机。商家都会在商品页面中通过各种方式，如文字、多媒体、第三方信息支持等方式向消费者展示商品的正面信息和形象，以期让消费者形成关于商品的积极态度。因此，通常商品信息页面呈现显著的单极(纯正面)性。

3.1.2.2 在线消费者初步态度的矛盾性

在线消费者浏览商家提供的商品信息页面，形成对于目标商品的初步态度①。这一初步态度直接依赖于商品页面信息(正面性)，

---

① 本书后续使用“初步态度”表示在线消费者在浏览了商品信息页面(还未浏览口碑信息)后形成的态度；使用“最终态度”表示在线消费者已形成初步态度，继而浏览口碑信息后形成的态度。

形成占主导性的积极态度。

在线购物方式下，消费者对于商品的评价依赖于有限的间接信息，无法直接对商品进行观察而作出判断。在消费者依据商品页面信息形成主导型积极态度时，会考虑以下因素而形成对于商品负面信息的预期：首先，商品信息由商家提供，由于商家的销售动机，消费者会估计商家是否真实、全面地提供了商品信息，是否存在商品与描述不符的情况，是否未提供关于商品负面属性的信息等；其次，某些商品具有体验性质，消费者对商品未能通过亲自体验作出评价，仅仅凭借间接信息，消费者会预期自己对于商品某些体验性属性可能存在负面评价。这时，消费者对于目标商品持有依据商品信息页面形成的积极态度，同时具有预期的消极态度，形成态度的矛盾性。由此推论，在线购物方式下，消费者面对单极的商品信息页面，形成具有矛盾性的初步态度，应用的情景符合 Priester 等(2007)基于预期冲突型反应的态度矛盾性模型。

3.1.2.3 在线消费者感知的积极态度不确定性的作用

态度确定性(attitude certainty)指个体对于自己态度的确定性、信心及正确性的主观感受(Abelson, 1988; Gross, et al., 1995)。态度确定性是从元认知(metacognitive)的角度进行定义的，反映隶属于主要认知的第二认知(Petty, et al., 2007)。在线消费者对于目标商品的积极态度建立在商家提供的信息上。根据已有的关于态度确定性前置因素的研究(Fazio & Zanna, 1978b; Gross, et al., 1995; Rucker, et al., 2008; Tormala & Rucker, 2007)，以下因素会影响消费者感知自己形成的积极态度的确定性：

(1)消费者感知的信息充分性。商品页面对于商品属性描述的充分性是影响消费者感知的态度确定性的重要因素(Gross, et al., 1995)。当消费者感知对于商品属性描述的信息较为全面时，消费者会对依赖于该信息形成的态度更具有确定性。如果商品的属性水平描述未有充分的支持性信息，则消费者会感知据此形成的态度具有较高的不确定性。

(2)消费者感知的信息源可信度。信息是否可靠是影响消费者对自己据此形成的态度的信心的重要因素(Tormala & Rucker,

2007)。而信息源的可靠性是判断信息是否可靠的重要指标。当在线消费者感知商家的信用较高时，消费者会认为信息的真实性、可靠性更高，从而对据此形成的积极态度的信心更高，具有更高的积极态度确定性。

(3)消费者感知的信息获取的直接性。随着信息技术的发展，商品页面对商品信息的展示可以采取多样化的形式，一般包括：文字描述、一般图片展示、微距细节图片展示、多媒体视频展示等。当信息展示方式让个体感知的直接性体验程度越高时，个体感知的态度确定性就越高(Fazio & Zanna，1978b)。如视频展示相对于单一的文字描述能为消费者提供更接近实体接触的观察方式，消费者感知的体验直接性程度较高，消费者感知的据此形成的态度确定性较高。

(4)消费者感知的信息一致性。商品页面提供关于商品属性水平的展示。在具体展示时，由于充分性的需要，同一属性往往会采取多种展示方式，如既提供文字描述，又提供图片展示。消费者会分别从文字内容和图片内容中获取信息进行判断。当消费者分别依据于文字内容和图片内容形成的评价一致时，消费者会感知评价结论具有较高的确定性；相反，消费者则会感知评价结论的确定性较低。

在线消费者根据商品页面信息形成积极态度，同时感知积极态度确定性。态度确定性会影响所隶属的主态度的主效应。Clarkson等(2008)提出，态度确定性作用的放大假设认为态度确定性会放大所隶属的主态度的作用。在基于预期冲突型反应的态度矛盾性模型中，主导型态度反向决定预期冲突型态度。根据放大假设，主导型态度的态度确定性会放大其对于预期冲突型态度的反向作用。应用于在线购物情景下，主导型态度为积极态度，则消费者感知的积极态度确定性会放大积极态度对于预期消极态度的反向作用，即当积极态度确定性越大时，相同水平的积极态度会产生更小的预期消极态度。因此，在线购物情景下，积极态度确定性在消费者初步态度矛盾性形成过程中发挥着作用。

3.2　态度矛盾性对于在线口碑信息处理的影响

3.2.1　偏颇吸收理论的延伸

偏颇吸收理论的相关研究是比较个体已有态度极性与外界信息观点极性一致及不一致的情形。偏颇吸收理论的原理是个体具有维护自身已有态度的倾向，从而更多地接受与自身观点一致的信息。

本书根据偏颇吸收理论的原理，认为个体维护自身已有态度的倾向的强烈程度，会影响其偏颇吸收行为的程度。外界信息观点与个体已有态度的极性一致时，个体态度的极性程度越高、确定性越高，此时个体如果要否定已有态度，会具有越高的认知阻力和认知失调感(Munro, et al., 2002)，因此个体维护自身已有态度的倾向程度就越强烈，从而呈现更大程度的偏颇吸收行为。

本书对于偏颇吸收理论进行了延伸，根据其原理提出个体已有态度的强烈程度会影响其偏颇吸收行为的程度。

3.2.2　初步态度矛盾性对在线口碑信息加工努力和加工结果的影响

依据基于预期冲突型反应的态度矛盾性模型和偏颇吸收行为理论的延伸，本书分别针对正面口碑和负面口碑，讨论了初步态度矛盾性程度对在线消费者进行口碑信息处理的影响。

消费者在浏览了单极商品页面信息后，形成占据主导的积极态度和预期消极态度，形成具有矛盾性的初步态度，初步态度的主导极性为积极的。

初步态度矛盾性低的消费者相对于初步态度矛盾性高的消费者，积极态度水平较高，预期消极态度水平较低，态度的积极导向更高，会表现出更强的维持积极态度的倾向，偏颇吸收行为程度更高。初步态度矛盾性低的消费者相对于初步态度矛盾性高的消费者，在面对正面口碑时，接受正面口碑的认知阻力较小，对正面口碑信息投入的信息加工努力较少，会更容易接受信息观点提升积极态度，从而降低态度矛盾性；在面对负面口碑时，接受负面口碑的认知阻力较高，会对负面口碑信息投入较多的加工努力，会较少地接受负面口碑的内容，态度矛盾性改变量较小。

3.3 本章小结

本章对于本书研究的理论框架进行了阐述，对于后续章节研究假设的提出所涉及的基本理论和推导进行了阐述，展示了研究的基本架构和逻辑主线，整体上呈现了本书的研究思路。

4　在线购物中基于预期的态度矛盾性形成机制

4.1　引言

在线购物相对于传统购物方式具有其独有的特点。一方面在线购物带给消费者传统购物方式下难以具备的收益，如便利性(convenience)、众多的选择性(selection)、信息丰富性(information availability)、避免不喜欢的实体零售服务的社交(unwanted sociality from retail sales)或购物同伴、更多的自由(freedom)和控制(control)等(Wolfinbarger & Gilly, 2001)，这些收益会使消费者形成购前的积极态度；另一方面，新型的购物平台、模式、流程等又使消费者感知到前所未有的风险(Forsythe & Shi, 2003; Luo, et al., 2010)。在线购物方式下固有的运输环节的经济成本、时间成本和退换货环节会增加消费者预期的风险(Schlosser, et al., 2006)。这些因素往往又会使消费者形成购前的消极态度，形成对在线购物方式的态度矛盾性。

从微观层面看，在网购消费者对某一具体目标商品进行评价时，对于具体购买决策的态度也会呈现矛盾性。而这时态度矛盾性的形成机制具有其特殊性。现有购物网站的商品信息页面均由在线销售商家提供①，页面信息一般都只包含商品的正面信息(瑕疵品

---

①　本章研究由在线商家提供的商品信息页面对在线消费者态度矛盾性的影响，不涉及网页中口碑信息，关于口碑信息对消费者的影响，在第5章和第6章的研究中涉及。

销售除外)。Priester 等(2007)提出的基于预期冲突型反应的态度矛盾性模型认为个体即使在面对单极信息时，依然会产生态度矛盾性。消费者在面对纯正面的商品信息时是否也会产生态度矛盾性是值得探究的一个问题。

在线消费者感知的不确定性是在线购物的又一特征(Grabner-Kraeuter, 2002; Pavlou, et al., 2007)。在线消费者无法在购买前实际接触和观察商品，这种方式下，一方面，对于判断形成需要体验性过程的商品，信息获取的间接性难以满足体验性判断的需求；另一方面，消费者无法确定商家提供的信息是否能真实、全面地反映商品的属性。从元认知角度看，消费者对于自己形成的对于目标商品的态度会感知不同的信心程度和正确性程度，即态度确定性。相关研究指出，态度确定性作为元认知，会对所隶属的主态度的强度或主效应产生影响(Clarkson, et al., 2008; Tormala & Petty, 2002; Tormala & Rucker, 2007)。

本章针对在线购物环境下消费者面对纯正面商品页面信息这一单极信息环境，引入态度确定性作用机制，并结合购买情形的卷入度因素，研究在线消费者基于预期的态度矛盾性形成机制。

4.2 研究假设与模型

4.2.1 基于预期冲突型反应的态度矛盾性模型

态度矛盾性是由于个体对目标对象同时具有积极态度和消极态度引起的。积极态度和消极态度相互独立，在共同作用下为个体带来整体的冲突感，二维结构是态度矛盾性的基本特点(Priester & Petty, 1996)。在研究积极态度和消极态度对于态度矛盾性的作用过程中，将两种态度根据相对得分区分为主导型(dominant)态度和冲突型(conflicting)态度(Priester & Petty, 1996)。主导型态度指得分较高的态度，冲突型态度指得分较低的态度。主导型态度对态度矛盾性具有反向作用，即在冲突型态度不变时，主导型态度提升会降低态度矛盾性；冲突型态度对态度矛盾性具有正向作用，即在主导型态度不变时，冲突型态度提升会提高态度矛盾性(Priester & Petty, 1996)。

然而，Priester等(2007)指出，在冲突型态度为0时，个体依然会呈现一定程度的态度矛盾性；在冲突型态度为0或非常接近零时，个体的态度矛盾性与主导型态度呈显著的负向关系。Priester等(2007)认为这时的态度矛盾性来源于预期冲突型反应(anticipated conflicting reactions)。预期冲突型反应是个体在面对单极信息时产生的，单极信息形成了个体的主导型态度。虽然没有任何与单极信息对立的冲突型信息呈现给个体，但个体依然会预期它们存在，而产生预期冲突型反应。当个体的主导型态度较低时，会认为自己没有获取足够的信息而推测存在一些自己不知道的冲突型信息；当个体获取的主导型信息越多从而形成的主导型态度越高时，个体会觉得自己获取的信息较为全面而推测自己所不知道的冲突型信息较少。由此，Priester等(2007)推论预期冲突型反应与主导型态度呈反向关系，预期冲突型反应与态度矛盾性呈正向关系；并通过实证研究，发现预期冲突型反应充当了主导型态度和态度矛盾性的完全中介，提出了面对单极信息时的基于预期冲突型反应的态度矛盾性模型，如图4-1所示。

图4-1　基于预期冲突型反应的态度矛盾性模型

4.2.2 研究假设

4.2.2.1　纯正面信息引起在线消费者态度矛盾性

在线购物环境下，由商家提供的商品信息页面往往只包含纯正面信息，其情形与Priester等(2007)提出的模型的应用环境相符。在线消费者根据商品页面呈现的信息，形成对于商品的积极态度，对应Priester等(2007)提出的模型中的主导型态度①。但同时，消费者会估计和预期商品可能存在负面属性。消费者一般会认为任何一个商品都会同时存在优点和缺点，一般没有完美的商品(Priester, et al., 2007)。另外，由于在线购物方式的特点，消费者感知自己获取商品信息的间接性和有限性，会推测还存在一些自己目前无法获取的商品信息，就商家动机而言，这些没有被提供的商品信息反映商品负面属性的可能性比反映商品正面属性的可能性更大。基于以上两点原因，消费者在面对纯正面商品信息形成积极态度时，也会预期商品可能存在负面属性而形成预期消极态度，对应 Priester 等(2007)模型中的预期冲突型态度②。据此，本章提出假设：

H1：在线消费者在面对纯正面的商品信息页面时，对于目标商品会存在预期消极态度。

在线消费者根据纯正面信息形成对目标商品的积极态度，而同时又具有预期消极态度，两种冲突型态度为在线消费者带来矛盾的主观感受，据此，本书提出假设：

H2：在线消费者在面对纯正面的商品信息页面时，对于目标商品存在态度矛盾性。

4.2.2.2 积极态度对于预期消极态度的影响

在线消费者对目标商品能获取的信息来自于商家提供的纯正面信息。当在线消费者形成的积极态度越高时，其认为自己所不知道的信息就越少，形成的预期消极态度就越低(Priester, et al., 2007)。消费者会根据已获取的商品属性水平来估计未知属性的水平，已知商品属性水平与消费者对于未知属性水平的估计成正比(Ross Jr & Creyer, 1992)。因此，如果消费者感知商家提供的商品信息页面中存在未反映的属性，则其会根据已获取信息形成的属性评价水平来估计未反映的属性的水平，从而影响其预期消极态度。

---

① 在本书提出研究假设和实证研究时，使用“积极态度”来替代模型表述中的“主导型态度”。

② 在本书提出研究假设和实证研究时，使用“预期消极态度”来替代模型表述中的“预期冲突型态度”。

当形成的积极态度越高时，预期消极态度越低。据此，本章提出假设：

H3：在线消费者在面对纯正面的商品信息页面时，对于目标商品形成的积极态度与其预期消极态度成反比。

4.2.2.3 积极态度确定性对预期消极态度的影响

对态度矛盾性进行测量的诸多模型(Kaplan，1972；Priester & Petty，1996；Priester，et al.，2007；Scott，1966；Scott，1969；Thompson & Zanna，1995；Thompson，et al.，1995)，无论是个体明确感知的还是基于预期的情形，都只涉及个体对于目标对象同时具有的积极态度和消极态度两个因素。Thompson 和 Zanna (1995)对多个模型进行了计算，发现各个模型的计算值与主观测量法下的态度矛盾性的测量值的相关系数最高在 0.21 至 0.4 之间，Priester 和 Petty(1996)也得到了相似的结果(0.36～0.52)。Priester 和 Petty(2001)指出，仅仅使用前置因素积极态度和消极态度对于主观态度矛盾性的解释力度有限，可能是个体的积极态度和消极态度在形成个体最终主观态度矛盾性的过程中还存在其他影响因素。

态度确定性(attitude certainty)指个体对于自己态度的确定性、信心及正确性的主观感受(Abelson，1988；Gross，et al.，1995)。态度确定性是从元认知(metacognitive)的角度进行定义的，反映隶属的主要认知的第二认知(Petty，et al.，2007)。在线购物环境下，消费者依据商家提供的商品纯正面信息形成主导型态度(积极态度)，而纯正面信息属于间接信息，消费者会感知到一定程度的不确定性(Fazio & Zanna，1978b)。同时，纯正面信息由商家提供，由于商家的营销动机和信息不对称性(information asymmetry)(Grabner-Kraeuter，2002)，在线消费者会对商家提供的信息的客观性和完整性存在一定怀疑(Biswas & Biswas，2004)，从而对自己据此形成的积极态度感知到一定的不确定性。

Clarkson 等(2008)针对态度确定性对于所隶属态度的作用提出了放大假设(amplification hypothesis)，认为态度确定性的作用在于放大所隶属的主态度的主效应，而无论主效应的作用方向；需要注意的是其作用过程并不是态度确定性自身单独产生，而是与所隶属的主态度的主效应产生同向的作用。在 Priester 等(2007)基于预期冲突型反应的态度矛盾性模型中，主导型态度决定预期冲突型态度①，并与其呈反向关系。据此，本书推论，在线消费者形成的积极态度确定性与消费者的预期消极态度呈反向关系。因此，本章提出假设：

H4：在线消费者在面对纯正面商品信息时，当形成的积极态度极性程度相同时，如果积极态度确定性越高，则形成的预期消极态度越低。

根据放大理论原理，态度确定性的作用依赖所隶属的主态度的作用。可以假设两种极端情况进行分析。当在线消费者对于目标商品的积极态度为 0 分时，其积极态度确定性增加或减少一个单位，对于消费者来说毫无意义；当在线消费者对于目标商品的积极态度为最高值 10 分时，积极态度确定性增加一个单位，会对消费者产生显著的影响。因此，本书推论，积极态度确定性的作用大小依赖积极态度极性程度：当在线消费者积极态度较高时(相对于积极态度较低时)，积极态度确定性每增加一个单位，预期消极态度降低幅度较大。据此，本章提出假设：

H5：当在线消费者积极态度极性程度较高时(相对于积极态度极性程度较低时)，积极态度确定性每增加一个单位，预期消极态度降低幅度较大。

4.2.2.4 预期消极态度的作用

Priester 等(2007)提出的基于预期冲突型反应的态度矛盾性模型中，预期冲突型态度与态度矛盾性呈正向关系，且充当了主导型态度和态度矛盾性的中介。个体在面对单极信息产生的主导型态度会反向影响其预期冲突型态度，预期冲突型态度再正向影响个体最终的态度矛盾性；主导型态度对于态度矛盾性的作用完全通过预期

---

① 在模型描述时，根据 Priester 等(2007)的模型中的说法，直译为“预期冲突型反应”，以保持与原文一致；在本书其他地方使用“预期冲突型态度”以保持全文表述一致。

冲突型态度发生，不直接对态度矛盾性发生作用。据此，本书推论，在线消费者预期消极态度与其初步态度矛盾性成正比，且在线消费者积极态度对其初步态度矛盾性的作用完全通过预期消极态度发生。由此，本书提出假设：

H6：在线消费者预期消极态度与其初步态度矛盾性呈正向关系。

H7：在线消费者积极态度对其初步态度矛盾性的作用完全通过预期消极态度发生，即预期消极态度充当了积极态度和初步态度矛盾性的完全中介。

4.2.2.5 卷入度对于态度矛盾性的影响机制

卷入度(involvement)最初作为一个重要因素，出现在广告营销效果领域的相关研究中，通常被认为反映广告与消费者个人的相关性，对广告的效果存在影响(Greenwald & Leavitt, 1984)。之后，学者们将卷入度引入消费者和产品领域，将其定义为消费者和产品之间的关系，认为消费者与产品类别之间的关系(Goldsmith & Emmert, 1991)是影响广告策略的重要因素，为企业制定广告策略提供参考(Wu, 2001)。另外一个相关领域是将卷入度引入消费者行为领域，研究购买决策的卷入度对于消费者购买决策、购买行为的影响(Lockshin, et al., 1997; Mitchell, 1979)。本章研究的消费者感知的购买卷入度对于消费者购前态度矛盾性的影响属于第三个领域。

购买决策卷入度指消费者感知的购买或消费情形相关或重要的程度，会对消费者的决策过程和决策结果产生影响(Zaichkowsky, 1986)。购买决策卷入度的研究在进行研究实验时多通过购买情形因素来实现对于购买卷入度变量的控制，常见的是将低卷入度购买情形设置为“自用”，将高卷入度购买情形设置为“送礼”(Clarke & Belk, 1979; 李宏等, 2011)，也有通过使用不同商品类型来控制被试感知卷入度的方式(金立印, 2008)。

消费者购买决策卷入度的研究最开始是与商品价值非常重要的购买情形下的感知风险相关，也就是与购买决策失误的后果相关。在感知购买决策的卷入度高时，消费者感知的决策失误的风险较高，带来的负面后果较为严重(金立印，2008)，消费者会投入更多的努力获取信息(包括必需的信息和扩展的相关信息)，以降低不确定性(Zaichkowsky, 1986)。

在线购物消费者形成的购前态度中，包含积极态度和消极态度，积极态度对于购买决策的影响是驱动购买行为，以获取预期收益；消极态度对于购买决策的影响是阻止购买行为，以抵御预期风险，避免决策失误的负面后果。当消费者感知的卷入度较高时，意味着一旦决策失误带来的负面后果较严重，消费者对于决策失误的容忍度较低，会对预期的风险和决策失误的负面后果更为敏感。预期消极态度的高低反映在线消费者对于购买决策风险的感知。Priester 和 Petty(2001)在研究个体感知与他人意见的不一致性对自身态度矛盾性的影响时发现，对于重要性高的主体，与他人不一致性程度会更多地引起被试的矛盾性。这也说明，在面对高卷入度时，感知的负面因素会对个体产生更多的影响。

据此，本书推论，当感知的卷入度较高时，消费者会更为惧怕决策失误和负面后果的发生，相同的预期消极态度对于消费者的作用更大，会带来更高的态度矛盾性，即对于态度矛盾性的提升作用更大。此推论强调的是，卷入度对个体态度矛盾性的作用是通过作用于预期消极态度到态度矛盾性的路径而产生的。因此，提出假设：

H8：在卷入度较高时，相同水平的预期消极态度会使消费者产生更高的态度矛盾性。

4.2.3 研究模型

本研究以 Priester 等(2007)提出的基于冲突型反应的态度矛盾性模型为基础，将在线购物环境下突出的态度确定性因素引入模型，结合购买情形相关的卷入度因素，提出其对于模型作用路径的调节效应，构建在线消费者面对纯正面口碑时的态度矛盾性形成模型，如图 4-2 所示。

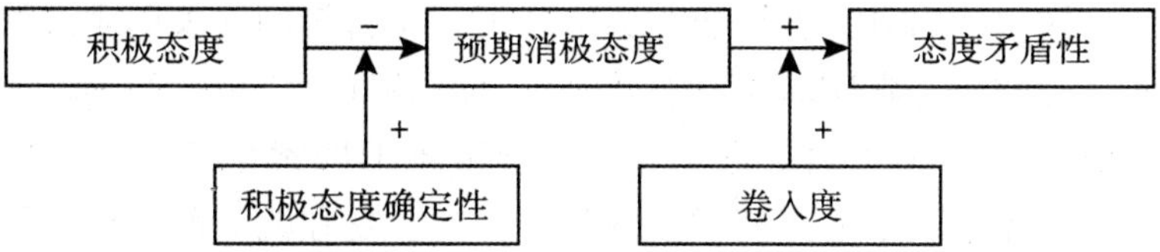

图 4-2 研究模型

4.3 实证研究

在线购物环境下，消费者面对的是关于商品的纯正面信息，因此形成的主导型态度为积极态度，预期冲突型态度为预期消极态度。本书在研究实验和后续表述中，以积极态度表示主导型态度，预期消极态度表示预期冲突型态度。

本章研究进行了两个实验。实验一检验假设 H1～H7。实验二检验假设 H8。

4.3.1 实验一

4.3.1.1 实验设计与操纵检验

实验通过电子邮件及网络调查平台，将调查对象引至调查页面。首先让被试浏览目标商品信息页面，然后测量被试对于目标商品的积极态度、积极态度确定性、预期消极态度和主观态度矛盾性。实验使用 2(积极态度：高，低)×2(积极态度确定性：高、低)的组间设计。本章研究消费者浏览了商家提供纯正面商品信息后的初步态度矛盾性，这一过程中消费者还未浏览商品口碑信息。

(1)商品选择

实验面向一般在线消费者进行调查，对于目标商品的选取考虑到其购买决策应尽量位于大多数消费者购买需求内，且被一般消费者所熟悉，对于商品的判断和评价也不需要特殊知识，最终选择旅行箱作为目标商品。对于一般的普通人群，存在各种原因的人口流动(如求学、打工、旅游、出差等)，旅行箱的购买和消费需求对于消费者整体来说较为普遍，并且对于旅行箱的购买也不需要特定专业的知识。另外，在现实购买情形下，旅行箱商品未形成占据主导的品牌效应，在实验中能有效避免品牌偏好对于被试的影响。此外，根据 Nelson(1970)的分类，旅行箱属于搜索型商品。消费者在传统实体方式下购买搜索型商品时，主要是在购买前根据实际观察对商品做出评价(Nelson，1970)。而在在线环境下，消费者无法通过直接体验形成评价，这使搜索型商品在线购买方式相对于传统实体购买方式呈现突出的态度不确定性特征，为本书研究态度确定性因素的影响提供了合适的条件。

(2)操纵控制和预检验

实验设计需要对积极态度极性水平和积极态度确定性水平进行操纵。

积极态度确定性水平的操纵，实验根据态度确定性前置因素相关研究，通过信息源可信度和态度形成的直接体验程度两个因素来实现。

信息源可信度(source incredibility)对信息接收者感知的态度确定性存在显著影响。信息源的可信度越高，信息接收者据此形成的态度也具有越大的确定性(Nan，2009；Tormala & Petty，2004)。在线购物环境下，消费者对自己购前态度不确定性判断的一个主要途径是对商家是否提供真实、完整和与事实一致的信息进行评估。消费者感知的商家诚信及信誉程度，会影响在线消费者估计自己可以多大程度上依赖所获取的商品页面信息。实验在控制信息源可信度时，高可信度组使用天猫商家，低可信度组使用信用级别较低的淘宝集市商家。天猫商家和淘宝集市商家在性质上存在差异，天猫商家属于正规 B2C 经营模式，商家都具有工商执照，经营较为正规，缴纳给淘宝网的保证金较多，违规成本及经营失败成本较高；淘宝集市商家规模、性质较为不统一，商家包含个人及个体经营性质的情况，缴纳给淘宝网的保证金较少，违规成本及经营失败成本较低。因此，整体来说，在线消费者感知天猫商家更倾向于维持自身诚信和信誉。

态度形成的直接体验程度会影响个体对于自身态度确定性的估

计。获取信息的直接体验性程度是一个重要因素(Tormala & Rucker, 2007)。在线环境下,商品信息多以文字、图片等方式呈现,属于间接信息,消费者缺少直接体验。随着最新网络多媒体技术的发展和平台支持,不少商家已经开始在商品描述里增加商品相关视频,以给消费者相对更加直接的体验(Park & Kim, 2003)。实验在低确定性组的商品描述里只使用图片和文字,在高确定性组,商品描述增加了关于商品的一个视频和一个动态 flash 来展示商品属性,展示的内容与文字及图片的内容相同。

对于积极态度极性水平,实验通过对于商品属性水平描述的差异来控制。如对于旅行箱重量差异、耐磨性、售后保修期限等使用不同水平。实验小组采取实地问卷方式调查获取消费者最为关心的旅行箱属性集,从真实在线购物网站网页分别截取信息描述并作适当改编。商品所有属性水平均为正面。如对于售后政策,低属性水平组的页面信息为"2 年无忧售后,部件免费换新,免费保修";高属性水平组的页面信息为"5 年无忧售后,部件免费换新,免费保修"。

对于最终设计的商品页面,实验邀请 168 位在校大学生进行了操纵预检验。168 位被试随机分到 2(积极态度:高,低)×2(积极态度确定性:高,低)中的一个分组,在浏览了对应组的商品页面后,报告其对于目标商品的积极态度和积极态度确定性。本研究测量题项均采用 Priester 等(2007)研究中使用的 0~10 的 11 点刻度进行测量,以保持研究结果的可比性。

阅读低水平积极态度控制页面的被试积极态度得分均值为 6.452,阅读高水平积极态度控制页面的被试积极态度得分均值为 7.917,两组间积极态度水平存在显著差异($t=-11.699$, $df=166$, $p<0.001$)。

阅读低水平积极态度确定性控制页面的被试积极态度确定性得分均值为 5.143,阅读高水平积极态度确定性控制页面的被试积极态度确定性得分均值为 7.345,两组间积极态度水平存在显著差异($t=-19.367$, $df=166$, $p<0.001$)。

在积极态度低水平分组内,态度确定性低水平组的被试的积极态度得分均值为6.333，态度确定性高水平组的被试的积极态度得分均值为6.571，两组间态度确定性未呈现显著差异($t=-1.611$，df=82，$p=0.111$)，显示积极态度水平未受到态度确定性水平影响。在积极态度高水平分组内，态度确定性低水平组的被试的积极态度得分均值为7.905，态度确定性高水平组的被试的积极态度得分均值为7.929，两组间态度确定性未呈现显著差异($t=-0.118$，df=82，$p=0.907$)，显示积极态度水平未受到态度确定性水平影响。

在积极态度确定性低水平分组中，积极态度低水平组的被试的积极态度确定性得分均值为5.294，积极态度高水平组的被试的积极态度确定性得分均值为4.992，两组间态度确定性未呈现显著差异($t=1.898$，df=82，$p=0.061$)，显示积极态度确定性未受到积极态度水平影响。在积极态度确定性高水平分组中，积极态度低水平组的被试的积极态度确定性得分均值为7.365，积极态度高水平组的被试的积极态度确定性得分均值为7.325，两组间态度确定性未呈现显著差异($t=0.246$，df=82，$p=0.806$)，显示积极态度确定性未受到积极态度水平影响。具体数据如表4-1所示。

检验结果显示，对于积极态度和积极态度确定性高低水平的操纵控制效果较为理想。

表4-1　　**实验一：预检验结果**

		积极态度(分组)			
		高		低	
		积极态度均值	积极态度确定性均值	积极态度均值	积极态度确定性均值
积极态度确定性(分组)	高	7.929	7.325	6.571	7.365
	低	7.905	4.992	6.333	5.294

4.3.1.2　题项设计和数据收集

(1)题项设计

由于研究模型基于 Priester 等(2007)基于预期冲突型反应的态度矛盾性模型，本研究测量题项均采用 Priester 等(2007)研究中使用的 0~10 的 11 点刻度进行测量，以保持研究结果的可比性。各测量题项根据国外相关文献改编，具体如表 4-2 所示。

表 4-2 **实验一：测量题项**

变量	测 试 题 项	来源
积极态度	根据页面展示的商品信息，只考虑正面因素，我对该商品的积极态度得分为(0 分：一点也没有积极态度；10 分：最大程度的积极态度)	Priester & Petty, 1996; Priester, et al., 2007
积极态度确定性	刚刚评价了对该商品的积极态度 CP1：我对自己的这个态度非常确定：0 分：完全不同意；10 分：完全同意 CP2：我对自己的这个态度非常有信心：0 分：完全不同意；10 分：完全同意 CP3：我觉得自己的这个态度非常正确：0 分：完全不同意；10 分：完全同意	Clarkson, et al., 2008; Rucker, et al., 2014
预期消极态度	您预期该商品有可能存在多少消极的属性(虽然在页面信息中未明确反映)(0 分：一点也没有；10 分：有非常多)	Priester, et al., 2007
初步态度矛盾性	整体来说，我对于该商品的态度 AM1：具有两面性：0 分：完全不同意；10 分：完全同意 AM2：具有冲突性：0 分：完全不同意；10 分：完全同意 AM3：难以下决定：0 分：完全不同意；10 分：完全同意	Jonas, et al., 1997; Priester & Petty, 1996; Priester, et al., 2007

被试对于目标商品积极态度的测量，采用态度矛盾性研究中相关测量方式，直接询问被试在只考虑正面因素时对于态度目标的积极态度，题项根据相关研究改编(Conner & Sparks, 2002; Priester & Petty, 1996; Priester, et al., 2007)。

被试对于目标商品预期消极态度的测量，借鉴 Priester 等(2007)的题项直接询问被试。

被试积极态度确定性的测量题项，借鉴 Clarkson 等(2008)和 Rucker 等(2014)研究的题项，使用三个题项询问被试对于自己积极态度的“信心”、“确定性”和感知的“正确性”，取题项得分均值作为积极态度确定性得分。

被试阅读完商品页面后的初步态度矛盾性采用主观测量法，使用三个题项直接询问被试态度的“冲突性”、“难以决定程度”和“多面性”(Jonas, et al. , 1997; Priester & Petty, 1996; Priester, et al. , 2007)，取题项得分均值作为态度矛盾性得分。

(2)数据收集

研究采用电子邮件及网络调查平台将被试引至设计的实验页面进行测量和数据收集。被试随机分给 2(积极态度：高，低)×2(积极态度确定性：高、低)中的一个分组。

问卷发放历时 3 个月，剔除无上网购物经验的样本和存在明显错误的数据(如所有选项全部选择相同得分等)后，共收回有效问卷 234 份，其中男性占 56. 410%，女性占 43. 590%。被调查者年龄在 17~46 岁，17~25 岁占 38. 889%，26~35 岁占 41. 026%，36~46 岁占 20. 085%。在受教育程度方面，高中及以下学历占 19. 231%，大专及大学本科学历占 58. 120%，研究生及以上学历占 22. 649%。个人月收入为 2000 元及以下的占 8. 974%，2001 ~ 5000 元的占 70. 085%，5001~8000 元的占 20. 941%。

对最终收回的有效问卷的信度进行了检验，得到量表中各变量测量题项的 Cronbach' α 系数值为 0. 887 ~ 0. 927，各个测量题项在各自所属维度上的因子载荷均大于 0. 85。

4. 3. 1. 3 数据分析

(1)操纵检验

在收回的 234 份有效样本中，浏览积极态度高水平控制页面的样本 113 个，其中态度确定性高水平组样本 61 个，态度确定性低水平组 52 个；浏览积极态度低水平控制页面的样本 121 个，其中态度确定性高水平组样本 58 个，态度确定性低水平组 63 个。分组样本数据如表 4-3 所示。

表 4-3 **实验一：样本分组数据**

		积极态度确定性		合计
		低	高	
积极态度	低	63	58	121
	高	52	61	113
合计		115	119	234

阅读积极态度高水平控制页面的被试积极态度得分均值为8.717，其中，态度确定性低水平组被试的积极态度得分均值为8.789，态度确定性高水平组被试的积极态度得分均值为8.656，两组间态度确定性未呈现显著差异（$t = 0.938$，$df = 111$，$p = 0.351$），显示积极态度水平未受到态度确定性水平影响。

阅读积极态度低水平控制页面的被试积极态度得分均值为6.099，其中，态度确定性低水平组被试的积极态度得分均值为6.127，态度确定性高水平组被试的积极态度得分均值为6.069，两组间态度确定性未呈现显著差异（$t = 0.402$，$df = 119$，$p = 0.688$），显示积极态度水平未受到态度确定性水平影响。

积极态度高水平和低水平分组的 t 检验显示，两组得分均值存在显著差异（$t = -25.968$，$df = 232$，$p < 0.001$），积极态度高低水平操纵控制效果较为理想。

积极态度确定性高水平控制页面的被试积极态度确定性得分均值为7.221，其中，积极态度低水平组被试的积极态度确定性得分均值为7.190，积极态度高水平组的被试积极态度确定性得分均值为7.251，两组间态度确定性未呈现显著差异（$t = -0.335$，$df = 117$，$p = 0.738$），显示积极态度确定性未受到积极态度水平影响。

阅读积极态度确定性低水平控制页面的被试积极态度确定性得分均值为3.142，其中，积极态度低水平组被试的积极态度确定性得分均值为3.095，积极态度高水平组被试的积极态度确定性得分均值为3.199，两组间态度确定性未呈现显著差异（$t = -0.646$，$df = 113$，$p = 0.520$），显示积极态度确定性未受到积极态度水平影响。

积极态度确定性高水平和低水平分组的 t 检验显示，两组得分均值存在显著差异（$t=-33.537$，$df=232$，$p<0.001$），积极态度高低水平操纵控制效果较为理想。

分组操纵均值如表 4-4 所示。

表 4-4　**实验一：操纵检验结果**

		积极态度(分组)			
		高		低	
		积极态度均值	积极态度确定性均值	积极态度均值	积极态度确定性均值
积极态度确定性(分组)	高	8.656	7.251	6.069	7.190
	低	8.789	3.199	6.127	3.095

(2)基于单极信息的预期消极态度存在性检验

本书研究基于 Priester 等（2007）的模型，在面对纯正面信息时，在线消费者依然会产生预期消极态度。实验对预期消极态度存在性进行检验，数据如表 4-5 所示。

表 4-5　**实验一：整体样本预期消极态度存在性检验（检验值=0）**

	N	均值	最小值	最大值	标准差	t	df	Sig.(双侧)	95%置信区间	
									下限	上限
预期消极态度	234	3.214	0.000	5.000	1.171	41.993	233	0.000	3.062	3.365

整体样本检验结果如表 4-5 所示。样本整体预期消极态度得分均值为 3.214，显著不等于零（$t=47.364$，$df=233$，$p<0.001$）。实验对于 4 个分组也检验了预期消极态度存在性，4 个分组的样本预期消极态度得分均值均显著不等于零，具体数据如表 4-6 至表 4-9 所示。检验结果显示，被试在面对纯正面的商品信息时，具有预期

消极态度，H1 得到支持。

表 4-6 **实验一：分组 1* 预期消极态度存在性检验(检验值=0)**

	N	均值	最小值	最大值	标准差	t	df	Sig.(双侧)	95%置信区间	
									下限	上限
预期消极态度	61	1.721	0.000	3.000	0.609	22.071	60	0.000	1.565	1.877

*分组 1：积极态度高水平且积极态度确定性高水平。

表 4-7 **实验一：分组 2* 预期消极态度存在性检验(检验值=0)**

	N	均值	最小值	最大值	标准差	t	df	Sig.(双侧)	95%置信区间	
									下限	上限
预期消极态度	52	3.807	3.000	5.000	0.445	61.771	51	0.000	3.684	3.931

*分组 2：积极态度高水平且积极态度确定性低水平。

表 4-8 **实验一：分组 3* 预期消极态度存在性检验(检验值=0)**

	N	均值	最小值	最大值	标准差	t	df	Sig.(双侧)	95%置信区间	
									下限	上限
预期消极态度	58	2.931	2.000	4.000	0.588	37.947	57	0.000	2.776	3.086

*分组 3：积极态度低水平且积极态度确定性高水平。

表 4-9 **实验一：分组 4* 预期消极态度存在性检验(检验值=0)**

	N	均值	最小值	最大值	标准差	t	df	Sig.(双侧)	95%置信区间	
									下限	上限
预期消极态度	63	4.429	4.000	5.000	0.499	70.464	62	0.000	4.303	4.554

*分组 4：积极态度低水平且积极态度确定性低水平。

(3)基于单极信息的态度矛盾性存在性检验

本书研究基于 Priester 等(2007)基于预期冲突型反应的态度矛盾性模型，在面对单极信息时，个体依然会产生主观态度矛盾性是研究的前提。实验首先检验样本的主观态度矛盾性是否存在，整体样本检验结果如表 4-10 所示。样本整体态度矛盾性得分均值为 1.608，显著不等于零($t=36.632$，df=233，$p<0.001$)。实验对 4 个分组也进行了态度矛盾性存在性检验，4 个分组的样本态度矛盾性得分均值均显著不等于零，具体数据如表 4-11 至表 4-14 所示。检验结果显示，被试在面对纯正面的商品信息时，仍然显示出主观态度矛盾性，说明本书研究的在线购物情形符合 Priester 等(2007)基于预期冲突型反应的态度矛盾性模型，H2 得到支持。

表 4-10 **实验一：整体样本态度矛盾性存在性检验(检验值=0)**

	N	均值	最小值	最大值	标准差	*t*	df	Sig.(双侧)	95%置信区间	
									下限	上限
态度矛盾性	234	1.608	0.000	3.333	0.672	36.632	233	0.000	1.522	1.695

表 4-11 **实验一：分组 1* 态度矛盾性存在性检验(检验值=0)**

	N	均值	最小值	最大值	标准差	*t*	df	Sig.(双侧)	95%置信区间	
									下限	上限
态度矛盾性	61	0.858	0.000	2.333	0.437	15.348	60	0.000	0.746	0.970

* 分组 1：积极态度高水平且积极态度确定性高水平。

表 4-12 **实验一：分组 2* 态度矛盾性存在性检验(检验值=0)**

	N	均值	最小值	最大值	标准差	*t*	df	Sig.(双侧)	95%置信区间	
									下限	上限
态度矛盾性	52	1.936	1.000	2.667	0.317	44.060	51	0.000	1.848	2.024

* 分组 2：积极态度高水平且积极态度确定性低水平。

表 4-13 **实验一：分组 3* 态度矛盾性存在性检验(检验值=0)**

	N	均值	最小值	最大值	标准差	t	df	Sig.(双侧)	95%置信区间	
									下限	上限
态度矛盾性	58	1.494	0.667	2.333	0.504	22.564	57	0.000	1.362	1.627

* 分组 3：积极态度低水平且积极态度确定性高水平。

表 4-14 **实验一：分组 4* 态度矛盾性存在性检验(检验值=0)**

	N	均值	最小值	最大值	标准差	t	df	Sig.(双侧)	95%置信区间	
									下限	上限
态度矛盾性	63	2.169	1.333	3.333	0.467	36.862	62	0.000	2.052	2.287

* 分组 4：积极态度低水平且积极态度确定性低水平。

(4)积极态度对于预期消极态度作用检验

研究检验在积极态度确定性水平不变时，积极态度与预期消极态度的关系。研究在积极态度确定性高水平被试中，比较积极态度高水平组和低水平组被试的预期消极态度水平，具体数据如表 4-15、表 4-16 所示。在积极态度确定性高水平被试中，积极态度低水平分组被试的预期消极态度均值为 2.931，积极态度高水平分组被试的预期消极态度均值为 1.721，组间存在显著差异($t=11.011$，$df=117$，$p<0.001$)，显示积极态度水平较高(相对于积极态度水平较低)时，被试预期更少的消极因素存在。

表 4-15 **实验一：积极态度确定性高水平被试组间统计**

	积极态度	N	均值	标准差	均值的标准误
预期消极态度	低	58	2.931	0.588	0.077
	高	61	1.721	0.609	0.078

表 4-16　**实验一：积极态度确定性高水平被试组间 *t* 检验**

	t	df	Sig.（双侧）	均值差值	标准误差值	95%置信区间	
						下限	上限
预期消极态度	11.011	117	0.000	1.210	0.110	0.992	1.427

研究在积极态度确定性低水平被试中，比较积极态度高水平组和低水平组被试的预期消极态度水平，具体数据如表 4-17、表 4-18 所示。在积极态度确定性低水平被试中，积极态度低水平分组被试的预期消极态度均值为 4.429，积极态度高水平分组被试的预期消极态度均值为 3.808，组间存在显著差异（$t=7.053$，$df=112.331$，$p<0.001$），显示积极态度水平较高（相对于积极态度水平较低）时，被试预期更少的消极因素存在。

根据积极态度确定性两个水平下的分析，在积极态度确定性水平不变时，积极态度水平与预期消极态度水平呈反向关系，假设 H3 得到支持。

表 4-17　**实验一：积极态度确定性低水平被试组间统计**

	积极态度	*N*	均值	标准差	均值的标准误
预期消极态度	低	63	4.429	0.499	0.063
	高	52	3.808	0.445	0.062

表 4-18　**实验一：积极态度确定性低水平被试组间 *t* 检验**

	t	df	Sig.（双侧）	均值差值	标准误差值	95%置信区间	
						下限	上限
预期消极态度	7.053	112.311	0.000	0.621	0.088	0.446	0.795

（5）积极态度确定性作用检验

研究在积极态度高水平被试中，比较积极态度确定性高水平组和低水平组被试的预期消极态度水平，以检验态度确定性的作用，检验数据如表 4-19、表 4-20 所示。在积极态度高水平被试中，积极态度确定性低水平组被试的预期消极态度均值为 3.808，积极态度确定性高水平组被试的预期消极态度均值为 1.721，组间存在显著差异（t=20.998，df=108.544，p<0.001），显示积极态度确定性较高（相对于积极态度确定性较低）时，被试预期更少的消极因素存在。

表 4-19　**实验一：积极态度高水平被试组间统计**

	积极态度确定性水平	N	均值	标准差	均值的标准误
预期消极态度	低	52	3.808	0.445	0.062
	高	61	1.721	0.609	0.078

表 4-20　**实验一：积极态度高水平被试组间 t 检验**

	t	df	Sig.（双侧）	均值差值	标准误差值	95%置信区间	
						下限	上限
预期消极态度	20.998	108.544	0.000	2.086	0.099	1.889	2.283

研究在积极态度低水平被试中，比较积极态度确定性高水平组和低水平组被试的预期消极态度水平，以检验态度确定性的作用，检验数据如表 4-21、表 4-22 所示。在积极态度低水平被试中，积极态度确定性低水平组被试的预期消极态度均值为 4.429，积极态度确定性高水平组被试的预期消极态度均值为 2.931，组间存在显著差异（t=15.141，df=119，p<0.001），显示积极态度确定性较高（相对于积极态度确定性较低）时，被试预期更少的消极因素存在。

根据积极态度两个水平下的分析，在积极态度水平不变时，积极态度确定性水平与预期消极态度水平呈反向关系，假设 H4 得到支持。

表 4-21　　　**实验一：积极态度低水平被试组间统计**

	积极态度确定性水平	N	均值	标准差	均值的标准误
预期消极态度	低	63	4.429	0.499	0.063
	高	58	2.931	0.588	0.077

表 4-22　　　**实验一：积极态度低水平被试组间 *t* 检验**

	t	df	Sig.（双侧）	均值差值	标准误差值	95%置信区间	
						下限	上限
预期消极态度	15.141	119	0.000	1.498	0.098	1.302	1.693

为检验积极态度确定性的调节效应，对预期消极态度进行组间方差分析，具体数据如表 4-23 所示。

表 4-23　　　**实验一：预期消极态度组间方差分析**

主体间效应的检验

因变量：预期消极态度

项目	III 型平方和	df	均方	F	Sig.
校正模型	251.824[a]	3	83.941	286.057	0.000
截距	2416.637	1	2416.637	8235.452	0.000
积极态度	48.751	1	48.751	166.136	0.000
积极态度确定性	186.860	1	186.860	636.783	0.000
积极态度 * 积极态度确定性	5.044	1	5.044	17.190	0.000
误差	67.492	230	0.293		
总计	2736.000	234			
校正的总计	319.316	233			

从表 4-23 可知，方差分子整体方程模型显著($F=286.057$，$p<0.001$)；积极态度水平对于预期消极态度的主效应显著($F=166.136$，$p<0.001$)，这与之前分析得到的结论一致。积极态度确定性水平对于预期消极态度的主效应显著($F=636.783$，$p<0.001$)，这与之前的数据分析结果一致；积极态度与积极态度确定性对于预期消极态度的交互效应显著($F=17.190$，$p<0.001$)。具体交互效应方向如图 4-3 所示。图中两条直线不平行，积极态度高水平分组的直线较为陡峭，斜率较大；积极态度低水平分组的直线较为平坦，斜率较小。在积极态度高水平分组(相对于积极态度低水平分组)，积极态度确定性每变动一个单位带来的预期消极态度的变化更大，显示积极态度与积极态度确定性存在交互效应。假设 H5 得到支持。

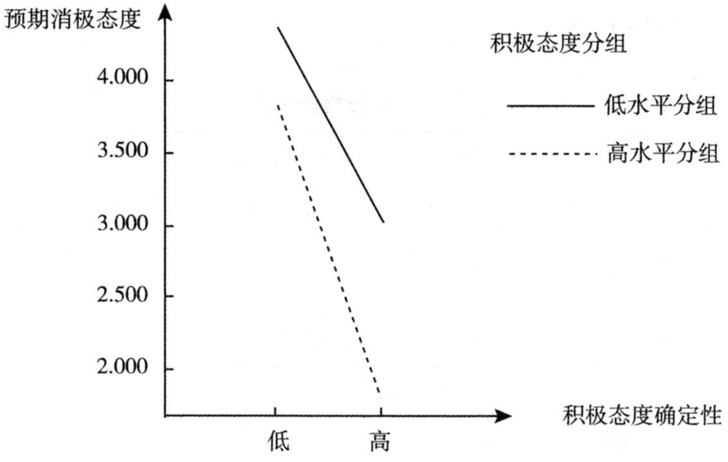

图 4-3 实验一：积极态度与积极态度确定性的交互效应

(6)预期消极态度作用检验

根据之前的数据分析，积极态度、积极态度确定性与预期消极态度的反向关系的假设得到支持。由此，可以推论，实验使用的 4 个页面中，积极态度高水平且积极态度确定性高水平页面会产生较低的预期消极态度，积极态度低水平且积极态度确定性低水平页面会产生较高的预期消极态度。检验显示积极态度高水平且积极态度确定性高水平分组被试的预期消极态度均值为 1.721，积极态度低水平且积极态度确定性低水平分组被试的预期消极态度均值为 4.429，两个分组的预期消极态度存在显著差异（$t=27.115$，$df=122$，$p<0.001$）。因此，将这两个分组作为预期消极态度控制分组，检验组间初步态度矛盾性。结果显示，预期消极态度低水平组的态度矛盾性均值为 0.858，预期消极态度低水平组的态度矛盾性均值为 2.170，组间存在显著差异（$t=16.140$，$df=122$，$p<0.001$）。显示较高的预期消极态度产生较高的态度矛盾性。

整体样本的态度矛盾性对于预期消极态度的回归检验结果如表 4-24、表 4-25 所示。回归模型整体显著（$F=533.319$，$p<0.001$），预期消极态度的标准化回归参数显著大于零（$\beta=0.835$，$t=23.094$，$p<0.001$），显示预期消极态度与态度矛盾性呈正向关系，假设 H6 得到支持。

表 4-24　　　**实验一：回归模型估计***

R	*R* 方	调整 *R* 方	标准估计的误差	*F*	Sig.
0.835	0.697	0.696	0.371	533.319	0.000

* 因变量：态度矛盾性；自变量：预期消极态度。

表 4-25　　　**实验一：回归模型参数估计***

变量	非标准化系数		标准系数	*t*	Sig.
	B	标准误差			
（常量）	0.069	0.071		0.976	0.330
预期消极态度	0.479	0.021	0.835	23.094	0.000

* 因变量：态度矛盾性；自变量：预期消极态度。

根据 Priester 等（2007）的观点，基于单极信息形成的主导型态度与态度矛盾性呈反向关系，但其对于态度矛盾性的作用完全通过预期冲突型态度发挥。

为检验这一完全中介关系，首先利用回归模型检验积极态度、积极态度确定性与预期消极态度的关系，具体数据如表 4-26 所示。回归结果显示，模型整体显著（$F=142.681$，$p<0.001$），自变量中，积极态度和积极态度确定性乘积项与预期消极态度呈显著负向关系（$\beta=-0.951$，$t=-4.460$，$p<0.001$），积极态度和积极态度确定性均不显著，显示积极态度与预期消极态度具有负向关系，且受到积极态度确定性调节作用的影响。

表 4-26　**实验一：积极态度、积极态度确定性对于预期消极态度的回归系数**

自变量	非标准化系数		标准系数	t	Sig.
	B	标准误差			
（常量）	2.517	0.316		7.957	0.000
积极态度	0.028	0.043	0.062	0.646	0.519
积极态度确定性	0.039	0.057	0.131	0.687	0.493
积极态度*积极态度确定性	−0.034	0.008	−0.951***	−4.460	0.000

注：***表示在 0.001 的水平上显著。

以被试态度矛盾性为因变量，分别使用 4 个模型逐步回归检验，具体数据如表 4-27 所示。

表 4-27　**实验一：逐步回归结果**

模型	自变量	非标准系数		标准系数	t	Sig.	F	Sig.
		B	标准误差					
1	常量	2.767	0.204		13.578	0.000	33.709	0.000
	积极态度	−0.157	0.027	−0.356***	−5.806	0.000		
2	常量	3.780	0.147		25.742	0.000	188.645	0.000
	积极态度	−0.146	0.018	−0.330***	−8.141	0.000		
	积极态度确定性	−0.210	0.012	−0.703***	−17.324	0.000		

续表

模型	自变量	非标准系数		标准系数	t	Sig.	F	Sig.
		B	标准误差					
3	常量	2.517	0.316		7.957	0.000	142.681	0.000
	积极态度	0.028	0.043	0.062	0.646	0.519		
	积极态度确定性	0.039	0.057	0.131	0.687	0.493		
	积极态度×积极态度确定性	-0.034	0.008	-0.951***	-4.460	0.000		
4	常量	-0.448	0.571		-0.786	0.433	132.851	0.000
	积极态度	0.043	0.040	0.098	1.096	0.274		
	积极态度确定性	0.041	0.053	0.137	0.772	0.441		
	积极态度*积极态度确定性	-0.004	0.009	-0.099	-0.409	0.683		
	预期消极态度	0.517	0.085	0.901***	6.064	0.000		

注：因变量为初步态度矛盾性；***表示在0.001的水平上显著。

模型1中的自变量只包含积极态度。回归结果显示，模型整体显著($F=33.709$，$p<0.001$)，积极态度与初步态度矛盾性反向关系显著($\beta=-0.356$，$t=-5.806$，$p<0.001$)，这与Priester等(2007)的观点一致。

模型2中的自变量包含积极态度和积极态度确定性。回归结果显示，模型整体显著($F=188.645$，$p<0.001$)，积极态度和积极态度确定性都与初步态度矛盾性呈显著反向关系，积极态度的标准回归系数为-0.330($t=-8.141$，$p<0.001$)，积极态度确定性的标准回归系数为-0.703($t=-17.324$，$p<0.001$)，积极态度确定性对于态度矛盾性的作用方向与其隶属的主态度——积极态度一致，与放大假设(Clarkson，et al.，2008)一致。

模型3中的自变量包含积极态度、积极态度确定性和积极态度与积极态度确定性的乘积项。回归结果显示，模型整体显著（$F=142.681$，$p<0.001$），积极态度确定性的乘积项的回归系数显著小于零（$\beta=-0.951$，$t=-4.460$，$p<0.001$），而积极态度（$t=0.646$，$p=0.519$）和积极态度确定性（$t=0.687$，$p=0.493$）对初步态度矛盾性都不显著。说明被试初步态度矛盾性表现为积极态度和积极态度确定性的交互效应，积极态度对于态度矛盾性的反向作用受到积极态度确定性调节作用的影响。

模型4中的自变量包含积极态度、积极态度确定性、积极态度与积极态度确定性的乘积项和预期消极态度。回归结果显示，模型整体显著（$F=132.851$，$p<0.001$），自变量中只有预期消极态度回归系数显著（$\beta=0.901$，$t=6.064$，$p<0.001$），积极态度、积极态度确定性、积极态度与积极态度确定性的乘积项对于态度矛盾性的影响均不显著。

综上分析，积极态度对预期消极态度具有显著负向作用，对于初步态度矛盾性具有显著负向作用，但当积极态度和预期消极态度同时作为自变量进入模型后，积极态度、积极态度确定性以及两者乘积项对于态度矛盾性的作用均不再显著，预期消极态度对于态度矛盾性的作用显著，说明预期消极态度发挥了完全中介作用，假设H7得到支持。

（7）模型整体检验

经过上述数据分析，假设H1～H7得到支持。每一个假设针对研究模型中的一个变量（假设H1、H2）或一个路径（假设H3～H7）。这一小节利用结构方程，对研究模型进行整体检验。结构方程相对于其他统计方法具有以下优点（侯杰泰等，2004）：

①能够同时考虑并处理多个因变量、中间变量，相对于回归分析或路径分析实质上仍是对每个因变量逐一计算的方式更具优势；

②模型估计时考虑了自变量和因变量的测量误差，结构方程分析在计算潜变量之间相关系数时排除了误差部分；

③能同时估计测量题项和潜变量之间的测量模型及变量之间的结构模型；在估计时，同一模型中，各条路径估计会根据其他变量

的变化而调整，其估计具有整体性；

④能够估计整个模型的拟合程度，为研究模型优化提供方向。

研究将之前验证的假设同时纳入一个模型内，对整体研究模型进行拟合。在之前的数据分析中，被试积极态度确定性和初步态度矛盾性均由三个题项测量，使用三个题项得分均值作为其得分。在结构模型中，积极态度确定性和初步态度矛盾性作为潜变量，结构模型拟合能更好地处理测量误差。

初步将模型进行拟合时，模型包含积极态度、积极态度确定性到初步态度矛盾性的路径以及积极态度与积极态度确定性之间的相关性路径，以检验此三条路径是否显著，并判断预期消极态度的完全中介作用和积极态度与积极态度确定性的独立性。具体拟合结果如图 4-4 所示。

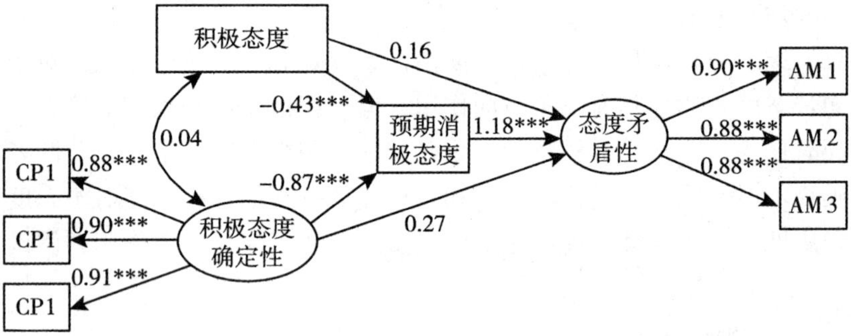

注：***表示路径系数在 0. 001 的水平上显著。

图 4-4 实验一：初步模型拟合结果

由拟合结果可以看出，积极态度和积极态度确定性之间未显示出显著相关性，说明积极态度的极性程度和积极态度确定性可依据不同前置因素独立变化(Tormala & Rucker, 2007)。积极态度到预期消极态度路径系数显著小于零，说明积极态度与预期消极态度负相关，与之前对假设 H3 的检验结果一致。积极态度确定性到预期消极态度路径显著小于零，说明积极态度确定性与预期消极态度负相关，与之前对假设 H4 的检验结果一致。预期消极态度到态度矛盾性路径显著大于零，说明预期消极态度与态度矛盾性呈正向关系，与之前对假设 H6 的检验结果一致。积极态度到态度矛盾性路径不显著，积极态度确定性到态度矛盾性路径不显著，显示预期消极态度发挥了完全中介作用，与之前对假设 H7 的检验结果一致。

将初步模型拟合中不显著的三条路径删除，精简模型后再拟合，拟合结果如图 4-5 所示。模型中各条路径均显著。模型拟合效果较好（CMIN = 16.936，P = 0.594，GFI = 0.982，AGFI = 0.967，NFI = 0.991，RFI = 0.987，RMSEA<0.001）。

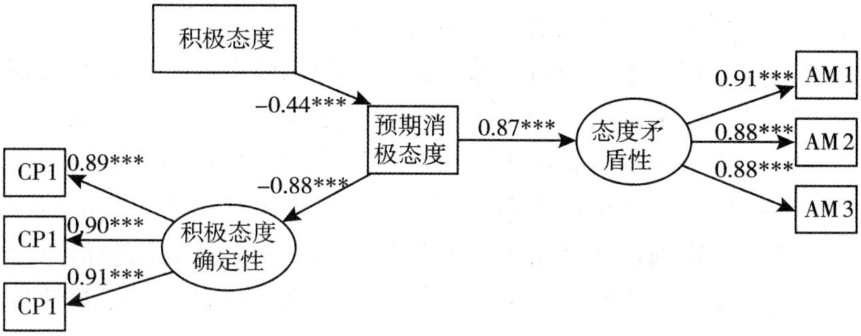

注：***表示路径系数在 0.001 的水平上显著。

图 4-5　实验一：修正后模型拟合结果

4.3.2　实验二

实验二用以检验假设 H8，即卷入度因素对于预期消极态度与态度矛盾性之间关系的调节作用。

4.3.2.1　实验设计

实验二采用 2（预期消极态度低水平，预期消极态度高水平）×2（低卷入度，高卷入度）的设计。实验通过电子邮件及网络调查平台，将调查对象引至实验页面。首先让被试浏览目标商品页面信息，然后测量被试对于目标商品的积极态度、积极态度确定性、预期消极态度和主观态度矛盾性。

目标商品与实验一相同，选取旅行箱，但对购买卷入度因素进行控制。将购买情景分为“自用”和“馈赠”，是卷入度研究中比较常见的对卷入度因素水平进行控制的方式(李宏等, 2011)。实验二中，高卷入度分组提示购买背景为“情侣或伴侣现急需一个旅行箱出国旅游或出差，选购一个旅行箱作为馈赠礼品，给他/她一个惊喜，希望他/她能喜欢”；低卷入度分组提示购买背景为“为自己购买一个旅行箱，以备今后使用”。

根据之前假设的检验结果，积极态度和积极态度确定性与预期消极态度呈反向关系，对于预期消极态度水平通过对于积极态度和积极态度确定性两个因素进行控制。预期消极态度低水平分组，采用高水平的积极态度和高水平的积极态度确定性来控制；预期消极态度高水平分组，采用低水平的积极态度和低水平的积极态度确定性来控制。积极态度和积极态度水平控制与实验一采取相同的设计：积极态度水平通过商品属性水平控制；积极态度确定性采取信息源可信度和态度形成的直接体验程度两个因素控制，积极态度确定性低水平组采用集市商家和无商品视频信息组合；积极态度确定性高水平组采用天猫商家和包含商品视频信息组合。

对于最终设计的商品页面，实验邀请 102 位在校大学生进行了预测试。预测试中，被试随机分到预期消极态度低水平分组(积极态度高水平且积极态度确定性高水平)，或预期消极态度高水平分组(积极态度低水平且积极态度确定性低水平)；在浏览了对应分组的商品信息页面后，报告其对于目标商品的积极态度、积极态度确定性和预期消极态度。检验结果如表 4-28 所示。

表 4-28　　**实验二：预检验结果**

预期消极态度	积极态度	积极态度确定性	预期消极态度
低	8. 111	7. 459	1. 778
高	6. 088	4. 942	3. 719

结果显示，积极态度在两个分组的均值分别为 8. 111 和

6.088，存在显著差异（$t=20.508$，$df=59.070$，$p<0.001$），积极态度确定性两个分组的均值分别为 7.459 和 4.942，存在显著差异（$t=16.406$，$df=71.383$，$p<0.001$），预期消极态度低水平组的被试预期消极态度均值为 1.778，预期消极态度高水平组的被试预期消极态度均值为 3.719，组间存在显著差异（$t=-14.949$，$df=76.914$，$p<0.001$），操纵效果较为理想。

实验测试被试对于目标商品的积极态度、积极态度确定性、预期消极态度、初步态度矛盾性和感知购买卷入度。测试题项与实验一来源相同，此外加入了卷入度因素的测量。被试卷入度使用三个题项询问被试对于购买商品决策感知的重要程度和对于决策错误的容忍度（Wirtz，2003；Zaichkowsky，1985；Zaichkowsky，1986），取题项得分均值作为卷入度得分。具体测试题项如表 4-29 所示。

表 4-29　**实验二：卷入度测试题项**

卷入度	我觉得购买该商品的决策 INV1：是非常重要的：0 分：完全不同意；10 分：完全同意 INV1：是意义重大的：0 分：完全不同意；10 分：完全同意 INV1：如果决策错误，我将觉得很沮丧：0 分：完全不同意；10 分：完全同意	Wirtz，2003； Zaichkowsky，1985； Zaichkowsky，1986

4.3.2.2　数据收集与数据分析

（1）数据收集与操纵检验

实验二面向一般在线消费者群体进行调查。问卷发放历时 2 个半月，共收回有效问卷 203 份，其中男性占 56.650%，女性占 43.350%。被调查者年龄在 16~48 岁，16~25 岁占 21.675%，26~35 岁占 71.429%，36~48 岁占 6.897%。在受教育程度方面，高中及以下学历占 11.330%，大专及大学本科学历占 83.251%，研究生及以上学历占 5.419%。个人月收入为 2000 元及以下的占 8.374%，2001 ~ 5000 元的占 82.759%，5001 ~ 8000 元的占

7.882%，8000元以上的占0.985%。

对最终收回的有效问卷，对问卷量表的信度进行了检验，得到量表中各变量测量题项的Cronbach's α 系数值在0.893~0.949，各个测量题项在各自所属维度上的因子载荷均大于0.88。分组样本数如表4-30所示。

表4-30　**实验二：样本分组数据**

		预期消极态度		合计
		低	高	
卷入度	低	46	50	96
	高	59	48	107
合计		105	98	203

预期消极态度操纵检验结果如表4-31所示，积极态度在两个分组的均值分别为7.581和6.306，存在显著差异($t=15.417$，$df=199.768$，$p<0.001$)，积极态度确定性两个分组的均值分别为7.010和5.255，存在显著差异($t=18.502$，$df=201$，$p<0.001$)，预期消极态度低水平组的被试预期消极态度均值为2.629，预期消极态度高水平组的被试预期消极态度均值为4.102，组间存在显著差异($t=-12.873$，$df=201$，$p<0.001$)，操纵效果较为理想。

表4-31　**实验二：预期消极态度操纵检验结果**

预期消极态度	积极态度	积极态度确定性	预期消极态度	样本数
低	7.581	7.010	2.629	105
高	6.306	5.255	4.102	98

卷入度低水平组卷入度均值为4.288，高水平组卷入度均值为7.181，组间存在显著差异($t=-28.160$，$df=201$，$p<0.001$)。在卷

入度低水平被试中，预期消极态度低水平被试的卷入度均值为4.304，预期消极态度高水平被试的卷入度均值为4.273，组间未显示显著差异($t=0.247$，df=94，$p=0.805$)。在卷入度高水平被试中，预期消极态度低水平被试的卷入度均值为7.237，预期消极态度高水平被试的卷入度均值为7.111，组间未显示显著差异($t=0.787$，df=105，$p=0.433$)。操纵效果较为理想。

对样本数据对预期消极态度和初步态度矛盾性的存在性进行了检验，预期消极态度均值为3.340，显著大于零($t=43.338$，df=202，$p<0.001$)；初步态度矛盾性的均值为3.501，显著大于零($t=28.501$，df=202，$p<0.001$)。检验结果显示，预期消极态度和初步态度矛盾性显著存在，适合模型应用前提，再次验证了假设H1、H2。

(2)数据分析

检验数据如表4-32所示，组间方差分析数据如表4-33所示。预期消极态度低水平被试中，卷入度低水平分组被试的初步态度矛盾性均值为1.870，卷入度高水平分组的被试的初步态度矛盾性均值为4.068，组间存在显著差异($t=-13.257$，df=90.406，$p<0.001$)，显示卷入度水平较高时，相同水平的预期消极态度会产生较高的态度矛盾性。预期消极态度高水平被试中，卷入度低水平分组被试的初步态度矛盾性均值为2.180，卷入度高水平分组被试的初步态度矛盾性均值为5.743，组间存在显著差异($t=-21.390$，

表4-32　　**实验二：初步态度矛盾性分组检验数据**

		预期消极态度				总和	
		低水平		高水平			
		均值	样本数	均值	样本数	均值	样本数
卷入度	低水平	1.870	46	2.180	50	2.031	96
	高水平	4.068	59	5.743	48	4.819	107
总和		3.105	105	3.925	98	3.501	203

df=68.890，$p<0.001$)，显示卷入度水平较高时，相同水平的预期消极态度会产生较高的态度矛盾性。从总体样本来看，卷入度低水平分组被试的初步态度矛盾性均值为2.031，卷入度高水平分组被试的初步态度矛盾性均值为4.819，组间存在显著差异($t=-19.482$，df=144.567，$p<0.001$)。假设H8得到支持。

表4-33中的数据显示，所有变量和交互项的方差分析整体方程模型显著($F=210.081$，$p<0.001$)。预期消极态度对于初步态度矛盾性的主效应显著($F=66.500$，$p<0.001$)，与实验一中的的数据分析结果一致。卷入度对于初步态度矛盾性的主效应显著($F=559.800$，$p<0.001$)，与之前分组数据的分析结果一致。预期消极态度与卷入度的交互项对于初步态度矛盾性效应显著($F=31.416$，$p<0.001$)，具体交互效应方向如图4-6所示。图中卷入度高水平组的直线较为陡峭，斜率较大；卷入度低水平组的直线较为平坦，斜率较小，显示在高卷入度时(相对于低卷入度)，被试对于预期消极态度更加敏感，预期消极态度提升一个单位，态度矛盾性提升更多。

表4-33 **实验二：态度矛盾性组间方差分析**

主体间效应的检验

因变量：初步态度矛盾性

源	III型平方和	df	均方	F	Sig.
校正模型	469.926[a]	3	156.642	210.081	0.000
截距	2415.836	1	2415.836	3240.013	0.000
预期消极态度	49.584	1	49.584	66.500	0.000
卷入度	417.401	1	417.401	559.800	0.000
预期消极态度*卷入度	23.424	1	23.424	31.416	0.000
误差	148.379	199	0.746		
总计	3106.222	203			
校正的总计	618.305	202			

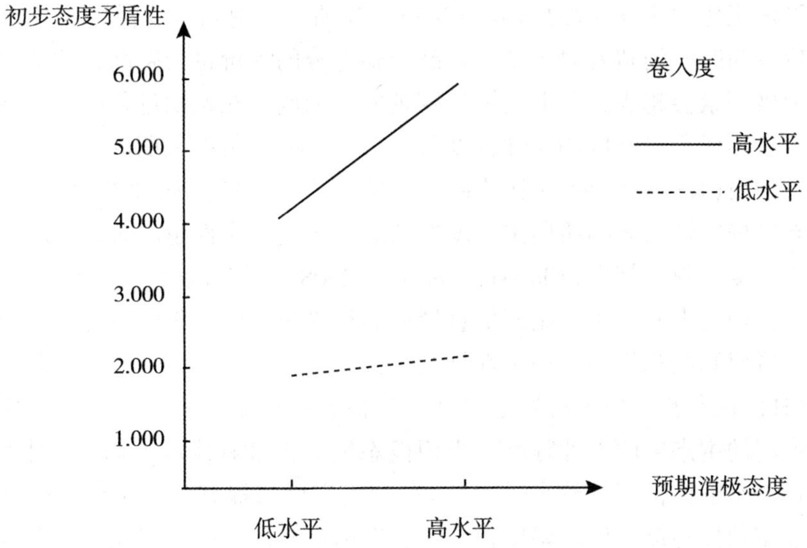

图 4-6 实验二：预期消极态度和卷入度对初步态度矛盾性的交互效应

4.4 研究结论及讨论

本研究通过两个实验，对提出的假设进行了检验。本研究建立在 Priester 等(2007)提出的基于预期冲突型反应的态度矛盾性模型上，认为在线购物环境下，消费者面对商品的纯正面信息，会产生依赖于正面信息的积极态度和预期消极态度，从而产生对于目标商品的矛盾性态度。两个研究均对被试的预期消极态度和态度矛盾性的存在性进行了检验，显示两者显著大于零(假设 H1、H2)，验证了在线购物环境下，消费者对于目标商品的确存在基于预期的消极态度及初步态度的矛盾性，说明应用 Priester 等(2007)提出的基于预期冲突型反应的态度矛盾性模型是符合研究背景的。

在线购物消费者依赖商家提供的商品正面信息形成积极态度。对于目标商品，消费者会由于感知的在线购物方式下信息准确性、完整性等方面的不确定性，而对目标商品的负面因素作出预期。消费者对于商品信息中未反映的属性的估计与对商品已形成的评价水平成正比(Johnson & Levin, 1985)。当消费者对目标商品的积极评价越高时，消费者对于认为自己未知部分的评价也会越高，预期的消极因素会越少，预期消极程度越低。因此，在预期过程中，消费者已形成积极态度的极性程度与其对于商品的负面预期成反比。这一假设(H3)在实验一中得到了支持。同时，从元认知的角度看，态度确定性会影响所属主态度的效应，态度确定性越高时，其所属主态度的效应越大(Clarkson, et al., 2008)。因此，研究模型中提出，消费者基于单极正面信息形成的积极态度极性程度不变时，消费者感知的积极态度确定性越高，其预期消极态度越低，这一假设(H4)在实验一中也得到了支持。积极态度确定性的作用依赖其所隶属的主态度的极性程度：当积极态度的极性程度较大时(相对于积极态度极性程度较小时)，其态度确定性每提升一个单位，会使预期消极态度降低的幅度较大，也即态度确定性的作用在积极态度极性程度较大时更大，这一假设(H5)在实验一中得到了支持。

实验一也验证了预期消极态度对于初步态度矛盾性的作用。预期消极态度承担完全中介角色，决定消费者初步态度矛盾性程度。消费者越高的预期消极态度会带来越大的态度矛盾性，积极态度对于初步态度矛盾性的作用完全通过预期消极态度来实现(假设 H6、H7)。

以上研究结论为电商企业如何降低消费者对于商品的预期消极态度从而降低其初步态度矛盾性提供了指导。在线消费者对于商品的预期消极态度受到基于商品信息页面形成的积极态度及积极态度确定性两个因素的影响。商家对于商品信息页面的设计和展示应考虑从这两个方面着手。提升消费者感知的积极态度的确定性是本研究结论导出的一个不可忽视的方面。在对商品信息页面进行设计和展示时，需要考虑态度确定性前置因素相关研究成果，如在信息展示时提供第三方检验报告来提高信息源可靠性(Tormala & Rucker, 2007)、信息应尽量充分和全面地展示，以提高消费者感知的信息充分性(Petrocelli, et al., 2007)、信息展示时可利用更为生动的手段来提高消费者感知的信息获取的直接体验性，如多媒体视频展示(Tormala & Rucker, 2007)等，让消费者对于自身形成的积极态度感知更高的确定性。在强调积极态度确定性作用的同时，研究结论也显示，其作用受到积极态度极性程度的影响，积极态度越高时，积极态度确定性的作用越大，因此，充分展示商品正面属性特征，提高消费者积极态度极性程度能使消费者积极态度确定性发挥更大的作用。

在线消费者在面对相同商品信息页面、具有同等水平的预期消极态度时，形成的初步态度矛盾性程度还受到购买卷入度因素的正向影响。消费者感知的卷入度高时，相同的预期消极态度会产生更大的态度矛盾性(假设 H8)。同时根据检验结果还发现，预期消极态度和卷入度交互项对于初步态度矛盾性的作用显著，即在高卷入度时(相对于低卷入度)，被试对于预期消极态度更加敏感，预期消极态度提升一个单位，态度矛盾性提升更多。

这意味着，在线商品属性的差异以及购买情景的差异，会引起预期消极态度作用的差异，从而对态度矛盾性产生影响。电商企业应该根据自己产品的相关特性(如价值大小、用途、购买情景等)来对消费者感知的购买卷入度水平进行估计，评估目标消费者对于预期消极态度的敏感度，将其控制在可接受的范围内，以达到有效降低消费者态度矛盾性的目的。

4.5 本章小结

本章研究通过两个实验收集数据，以 Priester 等(2007)提出的基于预期冲突型反应的态度矛盾性模型为基础，对在线购物环境下，消费者面对商品单极正面信息产生态度矛盾性的机制进行了研究。研究结论显示在线购物情景符合基于预期冲突型反应的态度矛盾性模型，消费者面对商品的纯正面信息存在预期消极态度和态度矛盾性。研究基于放大假设将积极态度确定性引入模型，验证了其在积极态度对于预期消极态度反向关系中的调节作用。预期消极态度充当了积极态度和态度矛盾性的完全中介角色，与态度矛盾性呈正向关系。在不同购买卷入度下，预期消极态度对态度矛盾性的作用呈现差异：购买卷入度越高时，其对于态度矛盾性的作用越大。研究结论为电商企业有效降低消费者态度矛盾性提供了参考。

5　消费者态度矛盾性对在线正面口碑处理的影响

5.1　引言

在线购物情形下，消费者打开商品页面，首先浏览商家提供的商品信息页面形成对于目标商品的初步态度。如第4章讨论，消费者初步态度具有矛盾性，对于目标商品同时拥有积极态度和预期消极态度。形成了初步态度的消费者如果对目标商品拥有较高的积极态度，觉得具有购买可能性时，消费者会继续进行信息搜集，浏览其他消费者对于该商品的评价信息，即在线口碑信息，进一步调整对于目标商品的评价和判断，形成最终态度，完成购买决策过程。

在线口碑指由潜在消费者、事实消费者或之前消费者通过网络平台给出的关于一个商品或公司的积极或消极陈述（Hennig-Thurau, et al., 2004）。在线口碑由于是由第三方消费者在实际完成购买和消费后给出的，潜在消费者往往认为其具有相当的参考价值（Wien & Olsen, 2012）。参考在线口碑信息已成为在线消费者完成对于目标商品评价和购买决策的重要步骤（Cheung, et al., 2008）。Senecal 和 Nantel（2004）研究发现受正面口碑影响的消费者购买产品的频率是未获正面口碑影响的消费者的2倍。Chevalier 和 Mayzlin（2006）对书籍购物网站进行研究发现，正面口碑的增加会相应提高书籍的销量。

在线口碑对消费者的影响研究已成为研究的热点。很多研究关注在线口碑对于消费者影响的差异（Chevalier & Mayzlin, 2006；殷国鹏等，2012）。口碑信息由众多、独立的消费者撰写，决定了口碑信息具有多样化特征，不同特征的口碑信息对于消费者的影响力和有用性呈现差异。评价的褒贬态度（Heitmann, et al., 2007; S.M. Mudambi & D. Schuff, 2010）、评价信息的长度（S.M. Mudambi & D. Schuff, 2010; Zhang & Watts, 2008; 殷国鹏, 2012）、评价给出的综合分值（Cheung, et al., 2008）、信息传递者的专业性（Cheung, et al., 2008; Huang & Chen, 2006; Park D. H. & Kim S., 2009）、可信任度（Cheung, et al., 2008; Huang & Chen, 2006; Kiecker & Cowles, 2002）、社会关联（Steffes & Burgee, 2009）等都会影响口碑信息对于消费者的有用性。接收者特征也会影响口碑信息的影响力，包括接收者信任倾向（Lee & Youn, 2009; Sher & Lee, 2009）、接收者与传递者相似度（Cheung, et al., 2009）以及性别因素（Doh & Hwang, 2009）等。本研究探究消费者在浏览了商家提供的商品信息页面后形成的初步态度矛盾性程度对其后续口碑信息处理过程以及处理结果等方面的影响。

口碑按照其极性分为正面口碑、中立口碑和负面口碑。不同极性的口碑对消费者产生不同影响。正面口碑对于消费者的行为影响是显著的（Chevalier & Mayzlin, 2006; Senecal & Nantel, 2004）。现实购买情境中，商品存在正面口碑是最为常见的情形。本章研究以正面口碑为对象，研究初步态度矛盾性程度不同的消费者在面对正面口碑时行为的差异。

本章探究以下三个问题：(1)初步态度矛盾性程度差异是否会引起消费者正面口碑信息处理方式的差异；(2)相同的正面口碑信息对于初步态度矛盾性程度不同的消费者，其影响力是否存在差异；(3)初步态度矛盾性程度不同的消费者，对于正面口碑信息特征的感知是否存在差异。希望研究结果能为电商企业的口碑信息挖掘与维护提供参考。

5.2 研究假设

5.2.1 初步态度矛盾性对口碑信息阈值的影响

启发式-系统式模型（Heuristic-Systematic Model, HSM）提出个

体对信息加工存在两种模式：启发式和系统式。系统式处理相对来说需要更多更为全面的努力来分析和理解信息，对信息进行仔细和深入的评价。启发式处理是有限的信息处理方式，只需要投入较少的认知努力和认知资源，是一种有限的信息处理模式，相对于系统式只需要较少的认知努力和认知资源(Eagly & Chaiken, 1993)。

启发式-系统式模型认为个体对于准确性的追求和对形成的态度拥有足够的信心是促使个体进行信息处理的动因，个体会为了实现这两个目标而付出需要的努力，个体会在投入最少努力和实现这两个目标之间进行平衡(Eagly & Chaiken, 1993)。一般来说，个体会遵循最小努力原则而倾向于采取启发式方式，通过一些表面的线索，按照简单决策规则来进行判断和决策，如信息的长度、信息源的可靠性或专业性、信息是否使用统计数据表达等表面特征。在情形所必需的情况下，个体会选择投入更多的努力，采取系统式方式，通过对信息内容本身更为全面和仔细的分析和处理，来获得评价或判断的结论(Griffin, et al., 2002)。

个体为了获得对于结论“充分”的信心，会投入所需的努力。各种因素会影响个体信心的充分性阈值(Confidence Sufficiency Threshold)，如个体对于目标对象的卷入度、个体的特征等，而充分性阈值也会影响个体对于两种处理方式的选择(Griffin, et al., 2002)。HSM 被应用到对风险性信息的搜索和处理行为的研究。在 Griffin 等提出的风险性信息搜索和处理模型(Risk Information Seeking and Processing Model, RISPM)中，信心的充分性阈值被信息的充分性阈值(Information Sufficiency Threshold)代替，个体的信息充分性阈值用个体感知的当前信息需求被满足的程度和个体对于信息的进一步需求程度来反映。在获取了相同信息量后，如果个体感知需要更多的进一步的信息，则个体的信息量阈值越高。

高矛盾性的消费者相对于低矛盾性消费者，具有较高的认知失调和不舒适感，具有较强的动机来降低矛盾性(Jonas, et al., 1997)。而对于认知失调和不舒适感的应对需要收集更多的信息来进一步完善认知过程(Griffin, et al., 1999; Trumbo, 1999)。因此推断，初步态度矛盾性高的消费者(相对于矛盾性低的消费者)，信息量阈值更高。由此提出假设：

H1：初步态度矛盾性高的消费者相对于初步态度矛盾性低的消费者，信息量阈值更高。

5.2.2 初步态度矛盾性对正面口碑信息加工方式的影响

根据信息双加工模型思想(Bohner, et al. , 2011)，个体对信息进行加工时会采取不同的加工方式，投入的加工努力存在差异。精细加工可能性模型认为，虽然个体都想对目标对象获得正确的态度，但人们进行信息评价时愿意和能够投入的对相关信息精细加工(elaboration)的量(amount)和质(nature)会随着个人和情形因素不同而不同(Petty & Cacioppo, 1986)。个体对于信息精细加工投入努力的多少取决于两个因素：个体对于信息精细加工的能力(ability)和动机(motivation)。当个体对于信息精细加工的能力和动机高时，个体会对信息处理投入较多的认知资源；反之，个体根据信息发生态度改变时，可能仅仅依赖一些线索，根据简单规则作出推论，如信息的分歧性、信息源特征等，而不是根据对信息的精细加工得出结论(Petty & Cacioppo, 1986)。

根据第4章的研究模型和研究背景，消费者初步态度中积极态度为主导型态度，初步态度矛盾性较高的消费者相对于初步态度矛盾性较低的消费者，具有较高的预期消极态度。在面对正面口碑时，接受正面口碑的观点就需要克服或改变已具有的预期消极态度。具有较高的预期消极态度，个体感知的接受正面口碑的认知阻力就会越大，个体就会投入更多的加工努力对信息进行甄别，判断是否接受其观点的影响。另外，根据启发式-系统式模型(Eagly & Chaiken, 1993)，信息量阈值高的个体，往往具有更强的动机投入更多的努力进行信息的搜集和处理，也更倾向于采取系统式处理方式(Griffin, et al. , 1999)。由此，提出以下假设：

H2：初步态度矛盾性高的消费者相对于初步态度矛盾性低的消费者对正面口碑信息的处理投入更多精细加工努力。

H2a：初步态度矛盾性高的消费者相对于初步态度矛盾性低的消费者，对正面口碑信息的处理投入更多的系统式处理。

H2b：初步态度矛盾性低的消费者相对于初步态度矛盾性高的消费者，对正面口碑信息的处理投入更多的启发式处理。

5.2.3 初步态度矛盾性对正面口碑说服力的影响

根据偏颇吸收理论(Lord, et al., 1979)，个体对相关信息和证据的解读和处理方式会倾向于维持自己原有的态度和观点；个体在对与自己已有观点一致和不一致的证据处理过程中采取不同的衡量标准：个体倾向于记住一致性证据中的有力部分和不一致证据中的弱点，对一致性证据采用的检验标准较低，而对不一致证据采取非常严格的检验标准，从而得到一致性证据相对较为相关和可靠、不一致证据相对较为不相关和不可靠的判断结果。因此，更多地接受一致性证据和信息(相对于不一致性证据和信息)，形成对于两种证据和信息的偏颇吸收(Biased Assimilation)。相关研究在以社会事件为对象进行调查时也显示，被试在面对与自己观点一致和不一致的信息时，更多地接受与自身已有态度一致的信息，并认为与自身态度一致的信息(相对于与自身态度不一致的信息)更有说服力(Boysen & Vogel, 2007; McHoskey, 1995; Munro & Ditto, 1997; Munro, et al., 2002; Vallone, et al., 1985)。

偏颇吸收理论及相关研究关注对于态度目标对象拥有不同态度极性的个体，即态度存在“质”的差异的个体对信息的吸收存在差异，其取决于个体已有态度极性与信息极性的一致性。本章根据偏颇吸收原理，研究具有相同态度极性但态度极性程度不同的个体，即态度仅存在“量”的差异的个体，在面对同一信息时对于信息吸收的差异。

偏颇吸收理论的原理源于个体维持自身已有态度的倾向：个体在接受与自身态度极性相反的信息时，需要否定自己已有态度，会有较高的认知失调感；个体接受与自身态度极性相同的信息时，则会增强自身态度确定性和信心，增强个体舒适感(Bacon, 1960)。本章将其引入个体自身态度与信息极性相同的情形：个体态度极性程度越高，表示个体态度与信息的一致性越高，相对于态度极性程度较低的个体，接受信息会获得更高的舒适感，从而更容易接受信息内容。

根据第4章研究模型，在线购物情形下，消费者面对纯正面的商品信息形成积极态度和预期消极态度，从而形成矛盾性的初步态度。无论消费者初步态度矛盾性的高低，积极态度都为主导型态度。正面口碑与消费者初步态度的主导型极性是一致的。消费者对于目标商品的预期消极态度由积极态度决定，并充当完全中介，对初步态度矛盾性产生正向作用。当初步态度具有较低的态度矛盾性时(相对于具有较高的态度矛盾性时)，消费者感知的预期消极态度较低，对于自身积极态度的感知较强，面对与积极态度极性一致的正面口碑信息时，感觉到较高的一致性和较低的认知失调感，更容易接受信息内容。由此提出以下假设：

H3：初步态度矛盾性低的消费者相对于初步态度矛盾性高的消费者，受纯正面口碑信息影响更大。

5.2.4 初步态度矛盾性对正面口碑信息质量敏感度的影响

信息的特征会影响其对于阅读者的说服力。Nelson 指出“硬”(hard)信息即客观性(objective)信息和“软”(soft)信息即主观性(subjective)信息在广告中会对消费者产生不同的影响(Nelson，1974)。消费者更偏爱客观性信息，因为其更为详细并容易被验证；对于含有更多客观性信息的广告内容，消费者感觉到更多的真实性(Smith，1990)。在线购物环境下，口碑信息由评价者撰写，其形式、内容由于其随意性而存在差异。研究显示，口碑信息的内容和风格会影响口碑信息的作用大小(Hu，et al.，2012；Schindler & Bickart，2012；Schlosser，2011)。正面口碑信息虽然都表达了积极的评价和态度，但客观性正面口碑信息会给出更多关于商品属性水平的具体和细节的描述，而主观性正面口碑信息主要表达评价者自身的主观感受或表达方式较为笼统。从阅读者的角度来看，客观性正面口碑信息提供了更多的信息，并让阅读者感知到更高的可信度。由此提出假设：

H4：客观性正面口碑比主观性正面口碑对降低消费者态度矛盾性的作用更大。

由假设 H1，高矛盾性的消费者相对于低矛盾性的消费者，具有较高信息处理的动机，对于信息量的需求更高，信息量阈值更高。根据最小努力原则，信息处理者会根据需要投入最少的努力来对信息进行加工和处理(Trumbo，1999)。信息量需求得到满足后，信息处理者不会去处理多余的信息(Chaiken & Eagly，1989)。这也是在线购物消费者应对信息过载问题的方式之一。因此，在对口碑信息进行处理时，消费者不会处理超过自身信息量阈值的那部分口碑信息，也不会感知这部分信息提供的信息量。

图 5-1 给出了高、低矛盾性消费者面对主观性正面口碑信息和客观性正面口碑信息时感知的信息量差异。图 5-1 列出可能出现的 6 种情形。图 5-1 基于两个基本前提：一是基于假设 H1，初步态度矛盾性高的消费者信息量阈值高于初步态度矛盾性低的消费者信息量阈值；二是如上所述，客观性正面口碑提供的信息量大于主观性正面口碑提供的信息量。

在情形(a)中，主观性正面口碑提供的信息量小于低矛盾性消费者的信息量阈值，客观性正面口碑提供的信息量大于低矛盾性消费者的信息量阈值，且小于高矛盾性消费者的信息量阈值。此情形下，高矛盾性消费者感知的两种类型口碑信息量的差异为客观口碑信息量与主观口碑信息量的差异(图中①)；低矛盾性消费者感知的两种类型口碑信息量的差异为其信息量阈值与主观口碑信息量的差值(图中②)；高矛盾性消费者感知的信息量差异大于低矛盾性消费者感知的信息量差异(①>②)，即两种类型口碑使高矛盾性消费者(相对于低矛盾性消费者)感知到更大的差异。

在情形(a)、(b)、(d)、(e)中，高矛盾性消费者感知的信息量差异都大于低矛盾性消费者感知的信息量差异。(c)和(f)中，高矛盾性消费者感知的信息量差异等于低矛盾性消费者感知的信息量差异。(c)反映的是主、客观口碑信息都非常不充分的情形。(f)反映的是主、客观口碑信息都非常充分、足以满足高矛盾性消费者信息需求量的情形。这两种情形在现实中出现的概率相对较少。通过图 5-1 可以发现面对两种类型的口碑信息，高矛盾性消费者感知的信息量差异大于或等于低矛盾性消费者感知的信息量差

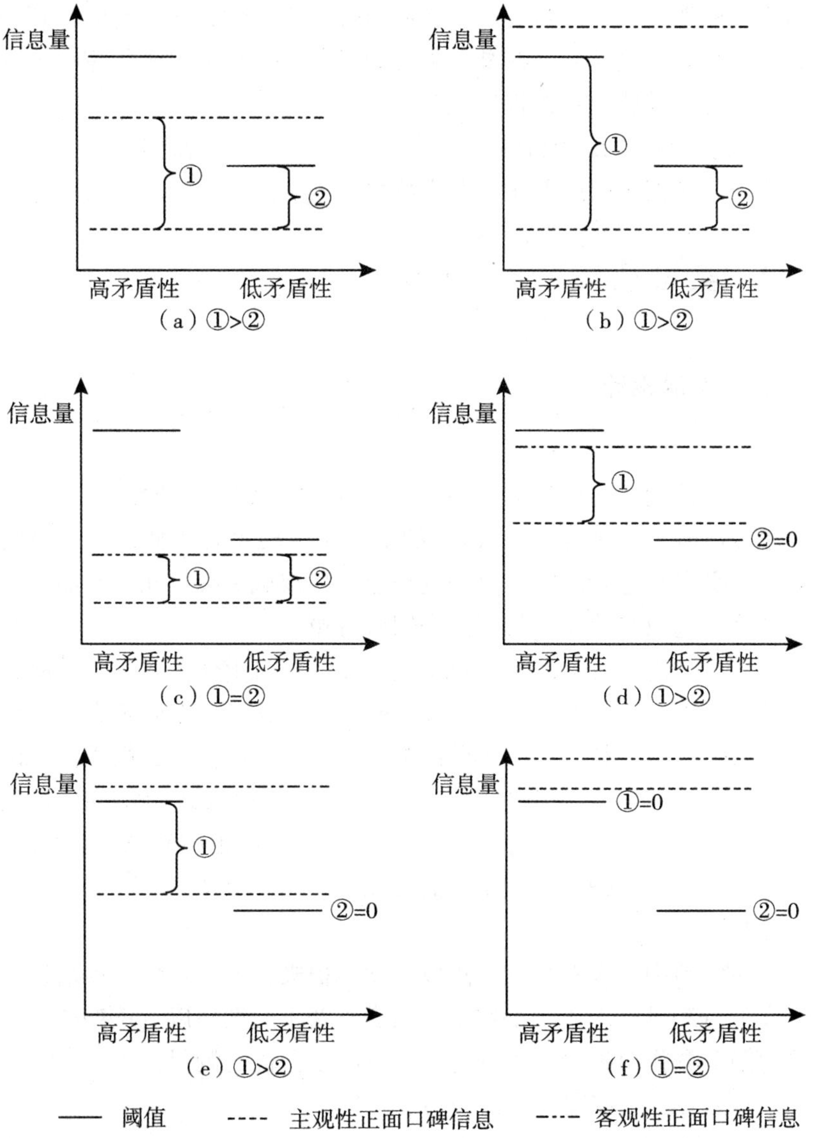

注：①代表高矛盾性消费者感知的主客观口碑信息量；②代表低矛盾性消费者感知的主客观口碑信息量。

图 5-1　消费者感知的主客观正面口碑信息量差异

异，更多情况下是大于的关系。因此推断，高矛盾性消费者相对于低矛盾性消费者，面对客观性正面口碑和主观性正面口碑时，感知到更大的信息量差异，即高矛盾性消费者对于正面口碑的主、客观性特征更为敏感，由此提出假设：

H5：初步态度矛盾性高的消费者相对于初步态度矛盾性低的消费者，对正面口碑的主、客观特性更为敏感。

5.3 实证研究

5.3.1 实验设计

5.3.1.1 实验步骤

研究采用2(初步态度高矛盾性，初步态度低矛盾性)×2(主观性正面口碑，客观性正面口碑)的组间实验检验各项假设。通过网络问卷平台和电子邮件发放调查问卷，将被试引导至实验页面。目标商品的选取与第4章相同，采用旅行箱。

被试被随机分为四组。每组被试在计算机上浏览目标商品的初步态度矛盾性控制页面(高矛盾组或低矛盾组)；浏览完成后，被试点击按钮进入初步态度矛盾性测试及信息量阈值测试页面；测试完成后，被试点击按钮进入下一步，浏览该商品的口碑信息(仅包含正面口碑)；口碑信息浏览完成后，被试点击按钮进入测试页面，测试被试口碑信息加工方式和最终态度矛盾性测试，完成后，提交数据。

在实验中，未对被试的积极态度、积极态度确定性、预期消极态度进行测量，直接测量被试的初步态度矛盾性，以避免被试对于题项间关联作出推测，影响对初步态度矛盾性的测量。

5.3.1.2 实验操纵设计与预测试

(1)初步态度矛盾性水平控制

本研究实验中，被试浏览目标商品页面的纯正面信息后，形成不同矛盾性程度的初步态度，以便于对其后续口碑信息处理和态度矛盾性改变进行研究。被试初步态度矛盾性存在显著差异是后续进行假设检验的前提。

在已有研究实验中主要采用测量法(measure)或操纵法(manipulate)将被试按态度矛盾性高低进行分组(Jonas, et al., 2000; Priester & Petty, 1996)。测量法是指对于实验中的被试采取自然组设计的思想，测量所有被试对于同一目标对象的态度矛盾性(使用主观指标法或客观指标法)，其态度可以是实验前就已经形成的，也可以是在实验中通过研究者提供的相同信息所形成的；然后根据样本总体矛盾性均值，将高于均值的样本划分到高矛盾组，将低于均值的样本划分到低矛盾组(Zemborain & Johar, 2007; 黄敏学等, 2010b)。测量法的不足来自于自然组设计固有的局限，即通过选择，而不是操纵来进行分组。对于相同的对象和信息，被试态度产生不同程度的矛盾性可能与个体某些特征的差异相关，而这些特征又有可能与研究的因变量之间存在关联(Shaughnessy, et al., 2010)。如对于相同的目标对象或信息，认知需求高或风险规避型的消费者更容易形成高矛盾性态度，认知需求低或风险偏好型的消费者更容易形成相对较低的矛盾性态度。这样，测量法下的矛盾性分组可能导致组间被试在认知需求或风险偏好等特征上存在差异，如果因变量是后续认知行为或风险决策等相关变量，实验结果就会受到组间被试差异的干扰，需要在实验中对这些特征差异进行充分认识和控制。操纵法则采用随机分组的思想来平衡各组被试特征和个体差异。研究者分别设计高矛盾性和低矛盾性的目标对象来操纵各个随机分组的矛盾性程度，然后再来研究矛盾性程度与因变量之间的关系(Priester, et al., 2007)。操纵法通过随机方法较好地避免了组间个体差异。操纵法的关键在于设计有效的操纵刺激。在操纵刺激有效的情况下，实验结果更容易解释(Shaughnessy, et al., 2010)。

本研究采用操纵法形成高低矛盾性分组。实验先对被试进行随机分组，然后对各分组使用实验设计的关于目标商品的不同操纵信息，使被试生成积极态度占主导的高矛盾性或低矛盾性的初步态度。对于操纵页面信息的设计，借鉴第4章的研究模型和结论，通过对消费者的积极态度和积极态度确定性两个因素的操纵来形成态度矛盾性高水平和低水平分组。初步态度矛盾性低的分组，通过高水平的积极态度和高水平的积极态度确定性来控制；初步态度矛盾性高的分组，通过低水平的积极态度和低水平的积极态度确定性来控制。初步态度矛盾性低水平商品信息页面直接沿用第 4 章实验高水平积极态度和高水平积极态度确定性组合设计的页面，初步态度矛盾性高水平商品信息页面直接沿用第 4 章实验低水平积极态度和低水平积极态度确定性组合设计的页面。

对于分组商品信息页面，实验室邀请 80 名在校大学生对操纵页面进行检验。被试被随机平均分为两组，一组阅读高矛盾组页面，另一组阅读低矛盾性组页面，并采用主观指标法，应用李克特 11 点量表测量被试浏览页面后对于该商品的积极态度、积极态度确定性、预期消极态度和初步态度矛盾性。测量题项如表 5-1 所示。

表 5-1 **测试题项**

变量	测试题项	来源
积极态度	P：根据页面展示的商品信息，只考虑积极因素，我对该商品的积极态度得分为(0 分：一点也没有；10 分：最大程度的正面态度)	Priester & Petty, 1996; Priester, et al., 2007
积极态度确定性	刚刚评价了对于该商品的积极态度 CP1：我对自己的这个态度非常确定(0 分：完全不同意；10 分：完全同意) CP2：我对自己的这个态度非常有信心(0 分：完全不同意；10 分：完全同意) CP3：我觉得自己的这个态度非常正确(0 分：完全不同意；10 分：完全同意)	Clarkson, et al., 2008; Rucker, et al., 2014
预期消极态度	您预期该商品有可能存在多少消极的属性(虽然在页面信息中未明确反映)(0 分：一点也没有；10 分：有非常多)	Priester, et al., 2007

续表

变量	测 试 题 项	来源
主观态度矛盾性	整体来说，我对于该商品的态度 AM1：具有两面性（0 分：完全不同意；10 分：完全同意） AM2：具有冲突性（0 分：完全不同意；10 分：完全同意） AM3：难以下决定（0 分：完全不同意；10 分：完全同意）	Jonas, et al., 1997; Priester & Petty, 1996; Priester, et al., 2007
信息量阈值	浏览了该商品信息页面后，现在我觉得： SUF1：我还需要很多信息来完成对该商品的评估（0 分：完全不同意；10 分：完全同意） SUF 2：我觉得我获得的信息还远远不够（0 分：完全不同意；10 分：完全同意） SUF 3：我获得的信息已经满足了我对该商品评估的信息需求（反向题）（0 分：完全不同意；10 分：完全同意）	Trumbo, 1999; Trumbo & Mccomas, 2003
启发式处理	在浏览该商品评价信息的过程中： HEU1：我认为评价者等级越高，评价内容越可信（0 分：完全不同意；10 分：完全同意） HEU2：我主要关注了一下评价的主要态度（0 分：完全不同意；10 分：完全同意） HEU3：我觉得评价信息越长应该越可信（0 分：完全不同意；10 分：完全同意）	Griffin, et al., 2002; Trumbo, 1999; Trumbo & Mccomas, 2003
系统式处理	在浏览该商品评价信息的过程中： SYS1：我比较仔细地阅读了评价的细节内容（0 分：完全不同意；10 分：完全同意） SYS2：阅读时，我有停下来考虑评价内容的可靠性（0 分：完全不同意；10 分：完全同意） SYS3：阅读时，我有停下来考虑评价内容的真实性（0 分：完全不同意；10 分：完全同意）	Griffin, et al., 2002; Trumbo, 1999; Trumbo & Mccomas, 2003

测试结果显示，总体样本矛盾性均值为 3.217，阅读了高矛盾组页面的被试矛盾性均值为 4.342，阅读了低矛盾组页面的被试的矛盾性均值为 2.092，两组被试矛盾性均值存在显著差异（$t=-9.086$, df=78，$p<0.001$），控制效果较理想。

（2）主、客观性口碑控制

本书以正面口碑为研究对象，因此实验中只采用正面口碑信息。主、客观性正面口碑信息的设计借鉴 Smith（1990）的实验设计。为了避免除主、客观性之外因素的干扰，实验中使用的正面口碑信息采取主观性口碑和客观性口碑一一对应的方式。主观性口碑和对应的客观性口碑描述相同的商品属性，主观性口碑以评价者主观感受或笼统的方式给出，客观性口碑则给出更多细节、具体的描述，如主观口碑是旅行箱耐磨性的评价，为“旅行箱比较耐磨”，对应的客观口碑为“箱子比较耐磨，欧洲 14 天旅游回来，没有划痕”。口碑信息内容根据从购物网站网页上截取的真实评价信息改编。

实验为目标商品设计了 36 对主、客观性正面口碑信息。对设计的主观性口碑集和客观性口碑集邀请了 78 位在校大学生分两组进行测试，一组阅读主观性口碑，另一组阅读客观性口碑。被试被要求对每条口碑的主客观性打分，题项参考 Wiebe 和 Riloff（2005）的标准生成。数据结果显示主观性口碑集和客观性口碑集主客观性得分均值存在显著差异（$M_s=3.719$，$M_o=5.342$，$t=-18.918$，df=76，$p<0.001$）。

5.3.1.3 题项设计

由于研究模型基于 Priester 等（2007）的基于预期冲突型反应的态度矛盾性模型，本研究测量题项均采用 Priester 等（2007）的研究中使用的 0—10 的 11 点刻度进行测量，以保证研究结果的可比性。各测量题项根据国外相关文献改编，具体如表 5-1 所示。

在实验预测试中，测量被试的积极态度、积极态度确定性和预期消极态度。被试对于目标商品积极态度的测量，采用态度矛盾性研究中相关测量方式，直接询问被试在只考虑正面因素时对于态度目标的积极态度，题项根据相关研究改编（Conner & Sparks，2002；

Priester & Petty, 1996; Priester, et al., 2007)。

被试对于目标商品的预期消极态度的测量，借鉴 Priester 等(2007)的题项直接询问被试。

被试积极态度确定性的测量题项，借鉴 Clarkson 等(2008)和 Rucker 等(2014)的研究中使用的题项，利用三个题项询问被试对于自己积极态度的“信心”、“确定性”和感知的“正确性”，取题项得分均值作为积极态度确定性得分。

被试对于目标商品初步态度的矛盾性程度，采用主观测量法，直接获取被试的整体态度矛盾性，使用三个题项直接询问被试态度的“冲突性”、“难以决定程度”和“多面性”(Jonas, et al., 1997; Priester & Petty, 1996; Priester, et al., 2007)，取题项得分均值作为态度矛盾性得分。

信息量阈值通过被试对当前信息量的满意程度和对于进一步获取信息的需求程度来反映，信息量阈值测试题项根据 Trumbo 等的实验题项改编(Trumbo, 1999; Trumbo & Mccomas, 2003)。

个体对信息进行处理时，对于两种处理方式并不是排他地进行选择，可以同时有所偏颇或等量地采用两种方式，如既仔细阅读和分析信息内容，又参考信息发布者的专业性、信息质量等线索(Trumbo, 1999)。因此关于被试对于口碑信息的处理方式，使用题项分别测试启发式方式的应用程度和系统式方式的应用程度。测度题项根据 Griffin(2002)，Trumbo(1999)等对两种处理方式的测量题项改编。

5.3.1.4 数据收集与数据分析

(1)数据收集

通过网络问卷平台和电子邮件发放调查问卷，将被试引导至实验页面。最终收到返回数据 287 份，剔除无效问卷(如所有题项具有相同选项值)，最终获得 263 份有效样本。有效样本中，男女性别比例为 53.992% 和 46.008%，男性比例略高。年龄位于 17~49 岁，17~25 岁占 46.768%，26~35 岁占 50.951%，36~49 岁占 2.281%。在受教育程度方面，高中及以下学历占 7.985%，大专及大学本科学历占 76.426%，研究生及以上学历占 15.589%。个人月收入为 2000 元及以下的占 5.323%，2001 ~ 5000 元的占 74.144%，5001 ~ 8000 元的占 16.730%，8001 元以上的占 3.803%。样本分组数据如表 5-2 所示。

表 5-2　　　　**样本分组数据**

		正面口碑信息特征		合计
		主观性	客观性	
初步态度矛盾性水平	低	57	60	117
	高	73	62	135
合计		130	122	252

本研究根据得到的样本数据，使用 SPSS20.0 对量表的信度进行了检验，得到量表中各维度测量题项的 Cronbach' α 系数值在 0.884~0.909，且各个测量度在各自所属维度上的因子负荷均大于 0.85，如表 5-3 所示。

表 5-3　　　　**量表信度检验**

变量	测试题项	因子载荷	Cronbach'α
初步态度矛盾性	AM_INI1	0.904	0.884
	AM_INI2	0.916	
	AM_INI3	0.883	
信息量阈值	SUF1	0.908	0.893
	SUF2	0.910	
	SUF3	0.905	
启发式处理	HEU1	0.932	0.905
	HEU2	0.910	
	HEU3	0.909	
系统式处理	SYS1	0.918	0.909
	SYS2	0.931	
	SYS3	0.912	

续表

变量	测试题项	因子载荷	Cronbach' α
最终态度矛盾性	AM_FIN1	0.932	0.906
	AM_FIN2	0.874	
	AM_FIN3	0.913	

(2)操纵检验

本研究对被试初步态度矛盾性分组控制进行操纵检验，样本整体初步态度矛盾性均值为 3.821，低水平分组的被试初步态度矛盾性均值为 3.097；高水平分组的被试初步态度矛盾性均值为 4.450，高矛盾组得分均值显著高于低矛盾组均值得分($t=-10.917$，df=250，$p<0.001$)，显示操纵效果较为理想。

用于分别浏览主观性口碑和客观性口碑的两个高矛盾组的被试初步态度矛盾性得分均值分别为 4.434 和 4.468，没有显示出显著差异($t=-0.206$，df=133，$p=0.837$)，用于分别浏览主观性口碑和客观性口碑的两个低矛盾性组的被试初步态度矛盾性得分均值分别为 3.041 和 3.122，没有显示出显著差异($t=-0.421$，df=115，$p=0.674$)。

(3)数据分析

假设 H1 和假设 H2 针对初步态度的高矛盾性和低矛盾性分组进行检验。分组及检验结果描述如表 5-4 所示。

表 5-4　**信息量阈值和信息处理方式分组数据**

	信息量阈值			信息处理方式					
				系统式方式			启发式方式		
	均值	标准差	样本量	均值	标准差	样本量	均值	标准差	样本量
低矛盾组	3.473	0.651	117	3.217	0.945	117	5.051	1.087	117
高矛盾组	5.319	0.944	135	5.210	0.892	135	2.931	0.943	135

数据结果显示，高矛盾性被试的信息量阈值得分均值为

5.319，低矛盾性被试的信息量阈值得分均值为3.473，高矛盾性被试的信息量阈值显著高于低矛盾性被试的信息量阈值（$t=-18.258, df=238.509, p<0.001$），假设H1得到支持，说明初步态度矛盾性高的被试，对于进一步信息的需求量更大。

高矛盾性被试系统式处理方式得分均值为5.210，低矛盾性被试系统式处理方式得分均值为3.217，高矛盾组的系统式处理方式得分均值显著高于低矛盾组的系统式处理方式得分均值（$t=-17.209, df=250, p<0.001$），显示高矛盾性被试相对于低矛盾性被试采取了更多的系统式处理，投入了更多的加工努力，假设H2a得到支持。

高矛盾性被试启发式处理方式得分均值为2.931，低矛盾性被试启发式处理方式得分均值为5.051，低矛盾组的启发式处理方式得分均值显著高于高矛盾组的启发式处理方式得分均值（$t=16.584$，$df=250, p<0.001$），显示低矛盾性被试相对于高矛盾性被试采取了更多的启发式处理，假设H2b得到支持。

假设H3～H5采用2（高矛盾性，低矛盾性）×2（主观性口碑，客观性口碑）的组间实验进行检验，具体数据结果如表5-5所示。

表5-5　**组间实验检验结果**

	高矛盾性				低矛盾性				总和	
	初步态度矛盾性均值	最终态度矛盾性均值	态度矛盾性改变均值	样本数	初步态度矛盾性均值	最终态度矛盾性均值	态度矛盾性改变均值	样本数	态度矛盾性改变均值	样本数
主观口碑信息	4.434	4.105	-0.329***	73	3.041	2.351	-0.690***	57	-0.487***	130
客观口碑信息	4.468	3.774	-0.694***	62	3.150	2.311	-0.839***	60	-0.765***	122
总和	4.450	3.953	-0.496***	135	3.083	2.331	-0.766***	117	-0.622***	252

注：***表示在0.001水平上显著不为0。

数据结果显示，总体来看，面对纯正面口碑时，被试态度矛盾性变化值均值为-0.622，显著小于零($t=-23.955$，df=251，$p<0.001$)，说明正面性口碑整体来看对于降低消费者态度矛盾性具有显著影响。

浏览了主观性正面口碑信息的被试态度矛盾性变化值均值为-0.487($t=-14.336$，df=129，$p<0.001$)，其中高矛盾组被试态度矛盾性变化值均值为-0.329($t=-8.609$，df=72，$p<0.001$)，低矛盾组被试态度矛盾性变化值均值为-0.690($t=-14.213$，df=56，$p<0.001$)，高矛盾组被试态度矛盾性的降低幅度显著小于低矛盾组被试态度矛盾性的降低幅度($t=-5.934$，df=128，$p<0.001$)。

浏览了客观性正面口碑信息的被试态度矛盾性变化量均值为-0.765($t=-12.684$，df=121，$p<0.001$)，其中高矛盾组被试态度矛盾性变化值均值为-0.694($t=-14.620$，df=61，$p<0.001$)，低矛盾组被试态度矛盾性变化值均值为-0.839 ($t=-16.437$，df=59，$p<0.001$)，高矛盾组被试态度矛盾性的降低幅度在0.050的水平上显著小于低矛盾组被试态度矛盾性的降低幅度($t=-2.088$，df=120，$p=0.039$)。

数据结果显示，面对相同的正面口碑信息时，无论是主观性还是客观性口碑，高矛盾性个体相对于低矛盾性个体，态度矛盾性更难以降低，H3得到支持。

假设H4是关于主观性正面口碑和客观性正面口碑对于消费者矛盾性影响力存在差异的假设。数据结果显示，浏览了主观性正面口碑的消费者态度矛盾性的变化值均值为-0.487，浏览了客观性正面口碑的消费者态度矛盾性的变化值均值为-0.765，组间存在显著差异($t=5.673$，df=250，$p<0.001$)。

分组来看，对于高矛盾组被试，浏览了主观性正面口碑的被试态度矛盾性改变量均值为-0.329，浏览了客观性正面口碑的被试态度矛盾性改变量均值为-0.694，组间存在显著差异($t=6.056$，df=133，$p<0.001$)；对于低矛盾组被试，浏览了主观性正面口碑的消费者态度矛盾性改变量均值为-0.690，浏览了客观性正面口碑的被试态度矛盾性改变量均值为-0.839，组间在0.05的水平上

存在显著差异($t=2.109$，df=115，$p=0.037$)。

数据结果显示，客观性正面口碑信息相对于主观性口碑信息，对于降低个体矛盾性的作用更大，假设 H4 得到支持。

同时，根据数据分析结果可以看出，在面对主观正面口碑信息和客观正面口碑信息时，初步态度高矛盾性分组的被试比低矛盾性分组的被试呈现了更为显著的态度矛盾性程度改变量的差异。这一结果为假设 H5 的检验提供了一个可能的支持。

假设 H5 检验消费者初步态度矛盾性和正面口碑信息的主客观性特征对于态度矛盾性改变量的交互效应。组间态度矛盾性改变的方差分析结果如表 5-6 所示。

表 5-6　**组间态度矛盾性的方差分析**

主体间效应的检验

因变量：态度矛盾性改变量

源	III 型平方和	df	均方	*F*	Sig.
校正模型	9.681	3	3.227	24.309	0.000
截距	101.642	1	101.642	765.693	0.000
矛盾性	4.008	1	4.008	30.195	0.000
主客观性	4.119	1	4.119	31.032	0.000
矛盾性*主客观性	0.728	1	0.728	5.486	0.020
误差	32.921	248	0.133		
总计	140.000	252			
校正的总计	42.601	251			

从表 5-6 可知，所有变量和交互项的方差分析整体方程模型显著($F=24.309$，$p<0.001$)，初步态度矛盾性对于矛盾性改变量的主效应显著($F=30.195$，$p<0.001$)，正面口碑信息主客观性特征对于矛盾性改变量的主效应显著($F=31.032$，$p<0.001$)，这与上面分析的结果相一致。初步态度矛盾性和正面口碑信息主客观性特征对于矛盾性改变量的交互效应在 0.05 的水平上显著($F=5.486$，

$p=0.020$)，具体交互效应方向如图 5-2 所示。图中高矛盾性组的直线较为陡峭，斜率较大(主观性正面口碑下矛盾性改变量为−0.329，客观性正面口碑下矛盾性改变量为−0.694)；低矛盾性组的直线较为平坦，斜率较小(主观性正面口碑下矛盾性改变量为−0.690，客观性正面口碑下矛盾性改变量为−0.839)，说明正面口碑信息的主客观性特征对于高矛盾组被试的矛盾性改变量影响更大，高矛盾性组消费者对于正面口碑信息的主客观性特征更为敏感。H5 得到支持。

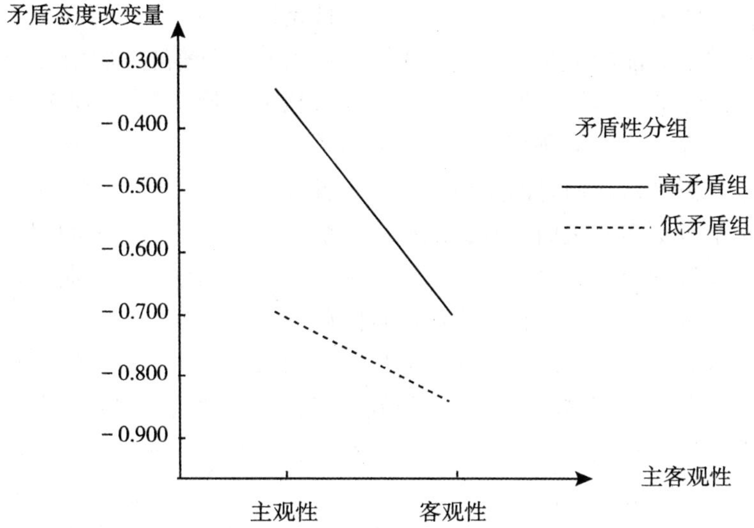

图 5-2　初步态度矛盾性和口碑主客观性对矛盾性改变的交互效应

5.4　研究结论及讨论

5.4.1　研究结论及意义

本章研究了在线购物环境下，消费者初步态度矛盾性引起的消费者对于正面口碑信息需求量、处理方式、处理结果和对于其信息质量特征敏感性的差异。研究结果表明，在线购物情形下，消费者阅读商品信息后产生的初步态度矛盾性对于消费者后续的行为、态度等有显著影响。初步态度矛盾性高的消费者相对于矛盾性低的消费者，具有更强的动机来对信息进行进一步的加工，信息量阈值更高，对于口碑信息更倾向于采取系统式处理方式，投入更多努力来对口碑内容进行精细加工；然而面对相同的正面口碑信息，初步态度矛盾性高的消费者的矛盾性却相对更难以降低。客观性正面口碑信息比主观性正面口碑信息更能降低消费者的矛盾性，初步态度矛盾性高的消费者对于口碑信息的主客观性特征更为敏感。

在线购物下，消费者态度的矛盾性是固有的。消费者在处理完所有关于商品的信息(包括商品信息页面和口碑信息)后所形成的最终态度的矛盾性与消费者的购买意愿相关，最终态度的矛盾性越低，越容易形成购买意愿(Penz & Hogg，2011)。电商企业在实践中也认识到口碑信息的重要性，寻求各种途径，甚至是付出一定成本来争取更多的正面口碑，以期其对消费者产生尽可能多的积极影响，降低消费者最终态度的矛盾性。本研究的结论引出了电商企业进行口碑信息维护过程中应该注意的两个方面的问题。

首先，本研究结果发现，同样是正面口碑，客观性口碑包含更多具体及细节的描述，其对于降低阅读者矛盾性的作用明显大于主观性口碑；特别是对于高矛盾性消费者，主观性正面口碑的影响非常有限。因此，电商企业在激励评价者给出正面口碑时，不仅要关注数量的积累，如何引导评价者给出更为具体、包含更多细节描述的正面口碑信息是更值得探究和努力的方向。

其次，消费者阅读了商品信息和商家信用纪录后形成了不同矛盾程度的初步态度后，正面口碑对消费者态度矛盾性的作用存在差异，其对高矛盾性消费者的影响要小于低矛盾性消费者。这说明，如果消费者的初步态度已经呈现高矛盾性，那么，期望利用正面口碑来降低消费者态度矛盾性的难度变大，正面口碑在面对高矛盾消费者时发挥的作用被降低。这一结论显示，初步态度的矛盾性制约着正面口碑信息的作用。因此，单纯依赖正面口碑信息并不是最有效的方式。一旦高矛盾性的初步态度形成，正面口碑信息对于消费者的作用也就大打折扣。另外，初步态度具有高矛盾性的消费者相对于低矛盾性的消费者，其信息需求更大，具有更高的信息量阈值，要满足其信息量要求，企业需要付出更多的努力和成本。因此，优化商品信息页面的设计、维护自身良好信用纪录以促成消费者形成低矛盾性的初步态度是使正面口碑发挥最大作用的提前，也是降低企业信息成本的有效途径。

5.4.2 研究局限与未来研究方向

正面口碑和负面口碑对于消费者的影响是不一样的，本章只针对正面口碑对消费者初步态度矛盾性的影响进行了讨论。未来的研究可进一步探究在线负面口碑对消费者的作用机制，研究初步态度矛盾性不同的消费者对于负面口碑的反应是否存在显著差异。另外，可进一步拓展研究混合型口碑信息集(同时包含正面口碑和负面口碑)对具有不同矛盾态度的消费者的影响，以完善该领域的研究结论。

本章在讨论口碑信息质量特征时只讨论了主客观性特征对于其说服力的影响。将来的研究可进一步讨论口碑信息其他质量特征如何影响其说服力及其对不同矛盾性消费者的影响是否存在差异，以进一步为电商企业获取更有效的口碑信息提供更为全面的指引。

5.5 本章小结

本章检验了在线购物消费者初步态度矛盾性对其后续正面口碑信息处理行为、态度矛盾性改变及口碑信息特征敏感性方面的影响。研究的各项假设得到了支持。研究结论提示，电商企业优化商品页面信息以降低消费者初步态度矛盾性是非常重要的，是后续正面口碑信息发挥最大影响力的前提；同时，提高正面口碑信息质量同样是电商企业获取和维护消费者口碑时需要关注的方面。

6 消费者态度矛盾性对在线负面口碑处理的影响

6.1 引言

在线口碑信息对于消费者的购买决策存在显著影响(Dellarocas, 2005; Yang, et al., 2007)。在线口碑信息根据极性可以分为正面口碑、中立口碑和负面口碑。在线口碑中，整体来说大部分为正面口碑，中立口碑和负面口碑所占比例较小(Lee, et al., 2008)。相关研究发现，正面口碑对消费者购买意愿有正向影响(Chevalier & Mayzlin, 2006; Senecal & Nantel, 2004)。负面口碑对消费者影响的相关研究结论不完全一致。有研究显示，负面评论与正面评论一样可以增加产品销量(Ahluwalia, et al., 2000)；也有研究认为，评论的正负面特征对产品的销量没有影响或关系不明确(Sorensen & Rasmussen, 2004)。但相比正面口碑，负面口碑被消费者认为更加有用、正确和重要，更具有诊断性(Duan, et al., 2008b)。人们在对某一对象进行评价的心理过程中，会对被评价对象的负面信息赋予较高的权重，这是因为人们在面对正面和负面信息时的反应强度是不同的。负面信息给人们在心理唤醒、注意、情绪、评价、归因以及社会行动等反应上所造成的刺激都要强于正面信息(Wright, 1974)。Ahluwalia(2000)等发现，消费者通常会认为负面信息比正面信息更具判断价值，在购买决策时会更多依赖负面信息。

在线消费者在浏览了商品信息页面形成对于目标商品的初步态度后，进一步浏览口碑信息以对初步态度进行调整并形成最终态度。第5章研究了初步态度矛盾性对于消费者正面口碑信息处理行为和处理结果的影响，本章研究初步态度矛盾性对于消费者负面口碑的信息处理行为和处理结果的影响。

本章通过三个实验主要探究以下3个问题：(1)初步态度矛盾性程度差异是否会带来消费者处理负面口碑信息方式的差异；(2)相同的负面口碑信息对初步态度矛盾性程度不同的消费者，其影响力是否存在差异；(3)负面口碑信息对消费者的作用是否均匀。

6.2 研究假设

6.2.1 纯负面口碑对在线消费者的影响

现实在线购物环境下，从口碑数量看，正面口碑的数量占据主导(Lee, et al., 2008)；从单个商品看，大多数商品的口碑主要呈现两种情况：纯正面口碑或同时包含正面口碑和负面口碑的混合型口碑。

消费者通过商品信息页面形成对于目标商品的积极态度依赖于商家提供的间接信息。商家基于获利动机会影响其提供信息的真实性、完整性；间接信息的非直接性会影响获取信息的可靠性，从而消费者会感知自身形成的积极态度的不确定性。商品的口碑信息由已经购买和使用过该商品的消费者提供，就信息提供动机而言，消费者一般会感知口碑信息比商品页面信息更加可信；就信息获取途径而言，形成于直接体验，消费者也会感知比自己通过间接信息形成评价显得更加可靠。如果某个商品的口碑信息只有负面口碑，表示所有已经购买和使用过该商品的消费者，通过直接体验对该商品的评价均为负面的。纯负面的口碑信息，也表示不同消费者对于该商品的评价高度一致，进一步增强了其可信度(Tormala & Rucker, 2007)。因此，无论自身已有的积极态度程度及确定性有多高，当发现该商品口碑信息都为负面时，消费者大多会选择相信觉得更加可信和可靠的负面口碑信息，使已有的积极态度大幅降低，对于商品的负面态度大幅上升，从而感知继续选择购买该商品风险较大，大部分消费者会选择放弃购买意向。由此，本研究提出以下假设：

H1：面对纯负面口碑时，大部分在线消费者会放弃购买意向

如果假设 H1 得到支持，则说明纯负面口碑情形难以为将消费者阅读口碑信息后的购买意愿等作为研究对象的相关研究提供研究背景。

6.2.2　初步态度矛盾性对负面口碑信息加工方式的影响

个体信息加工投入的努力会在不同情形下呈现差异，个体对某个信息进行加工投入的努力落在两个极值之间的某个位置(Cacioppo & Petty, 1984)。个体对信息进行精细加工投入的努力取决于两个因素：个体对信息精细加工的能力和动机。当个体对信息精细加工的能力和动机高时，个体会对信息处理投入较多的认知资源，对信息内容进行仔细的分析；当个体对信息精细加工的能力和动机低时，个体可能仅依赖一些线索，根据简单规则作出推论而改变态度(Petty & Cacioppo, 1986)。

在本研究的模型中，消费者根据商品纯正面信息，形成初步态度中的积极态度；积极态度极性程度及其确定性反向决定预期消极态度，预期消极态度程度正向决定初步态度矛盾性程度。初步态度矛盾性较低的消费者相对于初步态度矛盾性较高的消费者，积极态度极性程度及其确定性带给消费者的整体正面感受较大。在面对负面口碑时，接受负面口碑观点就需要克服或改变已具有的积极态度，已经具有较大正面感受的消费者会感知到更大的认知阻力，个体会投入更多的加工努力来对信息进行甄别，判断是否接受其观点的影响。黄敏学等(2010b)也指出态度矛盾性低的消费者相对于态度矛盾性高的消费者(积极态度占主导的情况)可能更关注外界的负面信息。由此，提出以下假设：

H2：初步态度矛盾性低的消费者相对于初步态度矛盾性高的消费者，对负面口碑信息的处理投入更多精细加工努力。

H2a：初步态度矛盾性低的消费者相对于初步态度矛盾性高的消费者，对负面口碑信息的处理投入更多的系统式处理。

H2b：初步态度矛盾性高的消费者相对于初步态度矛盾性低的

消费者，对负面口碑信息的处理投入更多的启发式处理。

6.2.3 不同信息质量的负面口碑对于初步态度矛盾性作用的差异

信息的特征会影响其对于阅读者的说服力。Nelson 指出“硬”(hard)信息即客观性(objective)信息和“软”(soft)信息即主观性(subjective)信息在广告中会对消费者产生不同的影响(Nelson, 1974)。消费者更偏爱客观性信息，因为其更为详细并容易被验证；对于含有更多客观性信息的广告内容，消费者感觉到更多的真实性(Smith, 1990)。在线购物环境下，口碑信息由评价者撰写，其形式、内容由于其随意性而存在差异。研究显示，口碑信息的内容和风格会影响口碑信息的作用大小(Hu, et al., 2012; Schindler & Bickart, 2012; Schlosser, 2011)。负面口碑信息虽然都表达了消极的评价和态度，但客观性负面口碑信息会给出更多关于商品属性水平的具体和细节的描述，而主观性负面口碑信息主要表达评价者自身的主观感受或较为笼统。从阅读者的角度来看，客观性负面口碑信息提供了更多的信息，并让阅读者感知到更高的可信度。由此提出以下假设：

H3：客观性负面口碑比主观性负面口碑对消费者态度矛盾性的作用更大。

6.2.4 负面口碑对于态度矛盾性作用

(1)混合型口碑

一方面，在现实中，商品口碑只包含负面口碑的情况较少；另一方面，对于消费者态度和口碑信息处理的相关研究关注消费者在浏览了口碑信息后的购买意愿，基于假设 H1，在面对纯负面口碑信息时，消费者大多会终止决策过程而放弃购买意愿，这种情形难以为相关研究提供研究背景。鉴于此，本章在研究负面口碑作用时，以同时包含正面口碑和负面口碑的混合型口碑为研究对象，并以现实中最为常见的正面口碑占据主导的情况为研究背景。

混合型口碑可以看作正面口碑集和负面口碑集的并集。在正面口碑集不变的情况下，当负面口碑集里负面口碑的数量相对于正面口碑集非常少时，混合型口碑信息整体对消费者的影响仍会趋于正面，使消费者态度矛盾性趋于降低；当负面口碑集扩展到一定程度时，混合型口碑信息对于消费者的作用方向开始逆转，整体开始失去对于消费者的正面影响，提升消费者消极态度的作用大幅增强，呈现提升消费者态度矛盾性的趋势；当负面口碑数量继续增加时，消费者消极态度快速增长，致使消费者放弃已有的积极态度，而放弃购买意愿。本章以混合型口碑集中负面口碑相对于正面口碑非常少，口碑集整体对于消费者影响仍显示为正面影响的情形为研究背景。

(2)初步态度矛盾性对负面口碑说服力的影响

偏颇吸收理论指出，个体存在维持自身已有态度极性的倾向，个体在接受与自身态度极性相反的信息时，需要否定自己已有态度，会有较高的认知失调感；个体接受与自身态度极性相同的信息时，则会增强自身态度确定性和信心，增强个体舒适感(Bacon，1960)。因此，个体在对待与自身态度极性相同和相反的信息时，其行为存在差异(Lord，et al.，1979)。

偏颇吸收理论及相关研究关注对态度目标对象拥有不同态度极性的个体，即态度存在“质”的差异的个体，对于同一信息的吸收存在差异，其取决于个体已有态度极性与信息极性的一致性。本章根据偏颇吸收原理，研究具有相同态度极性但极性程度不同的个体，即态度仅存在“量”的差异的个体，在面对同一信息时对于信息吸收的差异。

本章研究个体面对与自身态度极性相反的信息时的情况：个体态度极性程度越高，表示个体态度与信息的不一致性越高，相对于态度极性程度较低的个体，接受信息会获得更高的认知失调感，从而更难以接受信息内容。

根据第4章研究模型，在线购物情形下，消费者面对纯正面的商品信息形成积极态度和预期消极态度，从而形成矛盾性的初步态度。无论消费者形成的初步态度的矛盾性高低，积极态度都为主导型态度。负面口碑与消费者初步态度的主导型极性是相反的。初步态度矛盾性较低的消费者(相对于初步态度矛盾性较高的消费者)，积极态度和积极态度确定性带给个体的整体正面认知感受较强，接受负面口碑时，会感知到较高的认知失调感，从而较难以接受负面口碑的影响。由此，本研究提出以下假设：

H4：初步态度矛盾性低的消费者相对于初步态度矛盾性高的消费者，受负面口碑的影响较小。

图 6-1 对假设 H4 进行了具体的反映，前提条件是正面口碑信息集既定，且混合型口碑整体对消费者作用仍然体现为正面影响(即降低态度矛盾性)。图中原点表示负面口碑数量为 0，即为纯正面口碑的情形(如第 5 章研究的情形)。点 A_1 表示初步态度矛盾性高的消费者面对纯正面口碑时态度矛盾性的改变量，具体值为 ΔAM_{P-H}；点 B_1 表示初步态度矛盾性低的消费者面对纯正面口碑时态度矛盾性的改变量，具体值为 ΔAM_{P-L}；根据第 5 章的假设 H3，$\Delta AM_{P-H}<\Delta AM_{P-L}$。

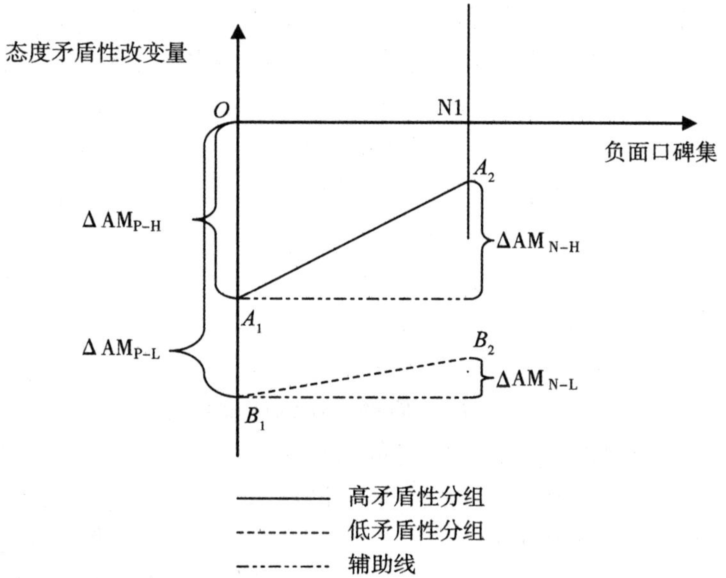

注：①表示正面口碑集既定的情形；②负面口碑集值为 0 表示纯正面口碑集的情形。

图 6-1　负面口碑对于态度矛盾性改变量的影响

N1 点表示口碑集在包含既定正面口碑集的基础上，还包含某一特定的负面口碑数量很少的负面口碑集 N。点 A_2 表示此时初步态度矛盾性高的消费者面对混合型口碑的态度矛盾性改变量。由于负面口碑集 N 的存在，初步态度矛盾性高的消费者态度矛盾性改变量从点 A_1 移动到 A_2，削弱了正面口碑集降低消费者态度矛盾性的效果。A_2 的纵向坐标小于零，显示口碑集整体对于消费者的作用仍然为正面的(即降低态度矛盾性)。ΔAM_{N-H}表示点 A_1 和点 A_2 的纵轴差异值，表示此时负面口碑集 N 对于消费者态度矛盾性的作用大小。点 B_2 表示此时初步态度矛盾性低的消费者面对混合型口碑的态度矛盾性改变量。由于负面口碑集 N 的存在，初步态度矛盾性低的消费者态度矛盾性改变量从点 B_1 移动到 B_2，削弱了正面口碑集降低消费者态度矛盾性的效果。ΔAM_{N-L}表示点 B_1 和点 B_2 的纵轴差异值，表示此时负面口碑集对于消费者态度矛盾性的作用大小。假设 H4 在图 6-1 中则反映为 $\Delta AM_{N-H}>\Delta AM_{N-L}$，即在正面口碑集既定时，同一负面口碑集对于初步态度矛盾性高的消费者的作用更大。

如果使用最终态度的矛盾性作为纵轴，则如图 6-2 所示。在面对纯正面口碑集时，点 A_1 表示初步态度矛盾性高的消费者的最终态度矛盾性；在既定正面口碑集的基础上加入了包含一定数量的负面口碑的负面口碑集 N 后，初步态度矛盾性高的消费者的最终态度矛盾性以点 A_2 表示。点 A_2 与点 A_1 的纵轴坐标差值 ΔAM_{N-H}表示负面口碑集 N 对初步态度矛盾性高的消费者的作用。同理，ΔAM_{N-L}表示负面口碑集 N 对初步态度矛盾性低的消费者的作用。假设 H4 在图 6-2 中也反映为 $\Delta AM_{N-H}>\Delta AM_{N-L}$。

(3)负面口碑对于态度矛盾性作用的递增趋势

负面口碑集 N 包含特定的负面口碑信息，其对消费者态度矛盾性改变产生作用，削弱了正面口碑集降低消费者初步态度矛盾性的效果。如果负面口碑集进行扩张，在原有负面口碑集 N 的基础上再增加一个等效的负面口碑集 N′，新增的负面口碑集 N′对消费者态度矛盾性的作用是这一小节讨论的问题。

假设在混合型口碑集已经包含负面口碑集 N 的基础上，再增加等价的负面口碑集 N′。在现实情形中，商品口碑信息中出现相

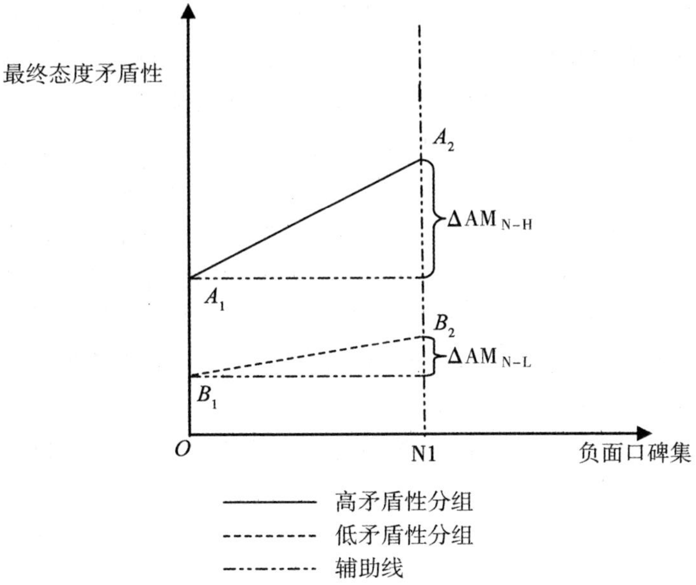

注：①表示正面口碑集既定的情形；②负面口碑集值为0表示纯正面口碑集的情形。

图 6-2　负面口碑对于最终态度矛盾性的影响

似的口碑信息是较为常见的。这时新的混合型口碑集可以视为包含两个负面口碑集 N①，本章将比较相对于纯正面口碑的负面口碑集增量 N 和第二次的负面口碑集增量 N′的作用(前提条件是负面口碑集 N 和负面口碑集 N′等价)。

孤立来看，新增的负面口碑集 N′与原有的负面口碑集 N 相同或等价，其对于消费者的作用增量应该与原有负面口碑集 N 相同。

将两个负面口碑集整合来看，混合型口碑集中整体负面口碑数量增加，每个负面口碑出现了两次。负面口碑数量的增加，会让混合型口碑中正面口碑和负面口碑的比例发生改变，负面口碑比重提升。在负面口碑数量较少、比重较低时，消费者会预期从概率上来

① 这里的集不是严格意义上的数学中的集合，因为数学中的集合一般不包含重复元素。

说购买商品出现负面结果的可能性较小，在信息处理和决策过程中，给负面口碑信息会赋予较低的权重；随着负面口碑比重的提高，消费者对购买商品出现负面结果可能性的预期会提升，在信息处理和决策过程中，给负面口碑信息赋予的权重也开始提高。这种情况下，消费者对每条负面口碑信息都会投入更多关注。另外，每条负面口碑信息出现两次，也会增加消费者对于每条负面口碑信息内容的确定性(Tormala & Rucker，2007)，以增强信息的说服性。

可以看出，负面口碑集 N′带来的作用包括两个部分：孤立的信息内容带来的影响力和提高负面口碑权重使消费者更加关注所有负面口碑而带来的额外影响力。

由此推论，负面口碑集 N′对消费者的作用大于负面口碑集 N 对消费者的作用，如图 6-3 所示。

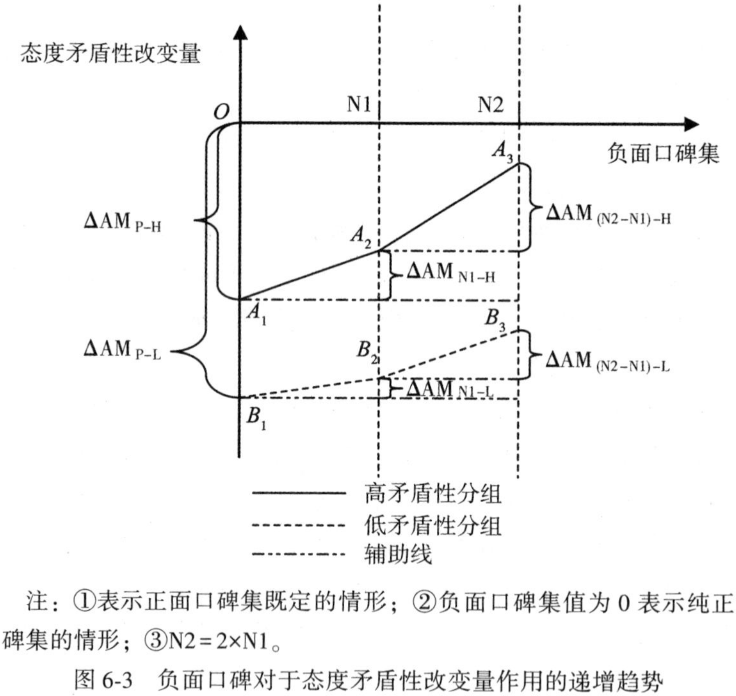

注：①表示正面口碑集既定的情形；②负面口碑集值为 0 表示纯正面口碑集的情形；③N2 = 2×N1。

图 6-3 负面口碑对于态度矛盾性改变量作用的递增趋势

图 6-3 在图 6-1 的基础上，将负面口碑集扩充为 N2(N2 包含 N 和 N′)。点 A_3、B_3 分别表示初步态度矛盾性高、低水平的消费者面对扩充后负面口碑集 N2 的态度矛盾性改变量。$\Delta AM_{(N2-N1)-H}$表示第二个负面口碑集 N′对高矛盾性消费者的作用大于原负面口碑集 N 对高矛盾性消费者的作用，即 $\Delta AM_{(N2-N1)-H}>\Delta AM_{N1-H}$。同理，对于初步态度矛盾性低水平的消费者，$\Delta AM_{(N2-N1)-L}>\Delta AM_{N1-L}$。在图中，也表示为直线 A_2A_3 的斜率大于直线 A_1A_2 的斜率，直线 B_2B_3 的斜率大于直线 B_1B_2 的斜率，直线具有加速上升趋势。

纵轴使用最终态度矛盾性如图 6-4 所示。A_2 表示混合型口碑集包含第一个负面口碑集 N 时，初步态度矛盾性高的消费者最终态度矛盾性，A_3 表示混合型口碑集包含负面口碑集 N 和 N′时，初步态度矛盾性高的消费者最终态度矛盾性。$\Delta AM_{(N2-N1)-H}$表示负面口碑集 N′对于高矛盾性消费者的作用大于原负面口碑集 N 对高矛盾

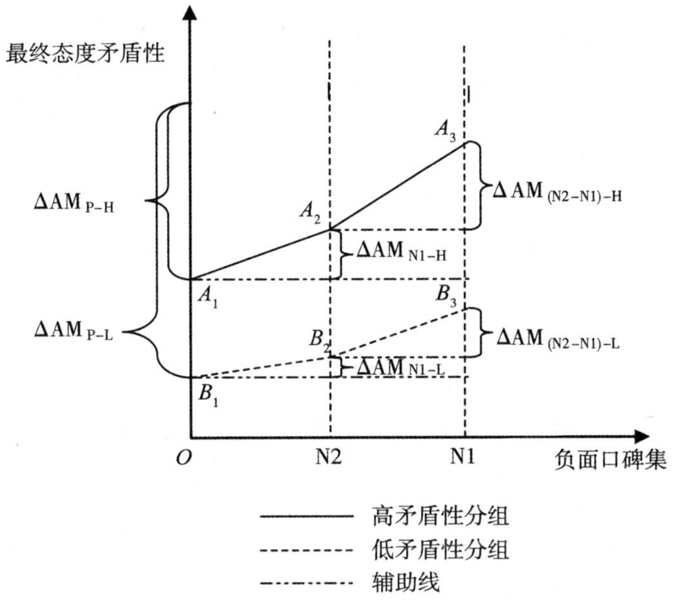

注：①表示正面口碑集既定的情形；②负面口碑集值为 0 表示纯正面口碑集的情形；③N2＝2×N1。

图 6-4　负面口碑对于最终态度矛盾性作用的递增趋势

性消费者的作用，即$\Delta AM_{(N2-N1)-H}>\Delta AM_{N1-H}$，也表示为直线 A_2A_3 的斜率大于直线 A_1A_2 的斜率。同理，对于初步态度矛盾性低的消费者，$\Delta AM_{(N2-N1)-L}>\Delta AM_{N1-L}$，也表示直线 B_2B_3 的斜率大于直线 B_1B_2 的斜率，直线具有加速上升趋势。

结合以上分析，本研究提出假设：

H5：负面口碑对于消费者态度矛盾性作用具有递增趋势。

6.3 实证研究

通过 3 个实验来对研究假设进行检验。

6.3.1 实验一

实验一用以检验研究假设 H1，验证纯负面口碑对于在线消费者的影响。假设 H1 认为：面对纯负面口碑时，在线消费者无论初步态度矛盾性高低，大部分会放弃购买意向。如果假设 H1 得到支持，则说明纯负面口碑的情形难以为关注消费者阅读口碑信息后的购买意愿等的相关研究提供研究背景，后续实验采取同时包含正面口碑和负面口碑的混合型口碑集作为研究对象是较为合理的。

6.3.1.1 实验设计

(1)实验步骤

实验让被试浏览了商品页面后，浏览商品的纯负面口碑信息，再检验被试的购买意愿。实验对纯负面口碑信息的数量进行控制，检验消费者面对不同数量的纯负面口碑信息时的情形。在实验中，采取负面口碑数量为 1 和数量为 10 的两种情况。另外，结合本研究的研究主题，将被试随机分配到初步态度高矛盾性和低矛盾性分组，检验假设对于初步态度矛盾性的稳健性。

实验采用 2(初步态度矛盾性：高，低)×2(负面口碑信息数量：1，10)的设计进行。

(2)实验操纵设计与预测试

实验选择第 4 章、第 5 章的研究实验都采用了的旅行箱作为目标商品。实验直接从真实购物网站上选取关于旅行箱商品的负面口碑信息。具体选取时，选择了信息质量非常低的负面口碑信息。由假设 H3，信息质量低的负面口碑比信息质量高的负面口碑的说服力低，如果使用信息质量非常低的负面口碑信息，假设仍得到支持，则信息质量高的负面口碑对消费者的负面影响力更大，假设也应得到支持。

对初步态度矛盾性控制采用与第 5 章相同的方式，即以第 4 章研究模型为基础，通过对被试积极态度和积极态度确定性的控制达到对被试初步态度矛盾性的操纵而形成分组。初步态度矛盾性低的分组，通过高水平的积极态度和高水平的积极态度确定性来控制；初步态度矛盾性高的分组，通过低水平的积极态度和低水平的积极态度确定性来控制。

控制页面直接采用第 5 章实验的商品页面。第 5 章实验对生成的页面请 80 名在校大学生进行了预测试。测试结果显示，总体样本矛盾性均值为 3.217，阅读了高矛盾组页面的被试矛盾性均值为 4.342，阅读了低矛盾组页面的被试的矛盾性均值为 2.092，两组被试矛盾性均值存在显著差异($t=-9.086$，df = 78，$p<0.001$)，控制效果较好。

(3)题项设计

研究对被试关于目标商品的初步态度矛盾性进行了测量。测量题项采用主观测量法，直接获取被试的整体态度矛盾性，使用三个题项直接询问被试态度的“冲突性”、“难以决定程度”和“多面性”(Jonas, et al., 1997; Priester & Petty, 1996; Priester, et al., 2007)，取题项得分均值作为态度矛盾性得分。采用 Priester 等(2007)研究中使用的 0~10 的 11 点刻度测量。

对被试购买意愿直接使用题项进行测量，询问被试“对于是否购买该商品：A. 继续考虑，B. 放弃考虑”。A 选项在数据分析时取值为 0，B 选项在数据分析时取值为 1。

6.3.1.2 数据收集与数据分析

(1)数据收集

实验邀请了某综合性大学 236 名在校本科生参与实验。实验先对被试的在线购物经验进行统计，剔除了无在线购物经验的个体

13 名，进入实验的被试 223 名(男生 101 名，女生 122 名)。样本分组数据如表 6-1 所示。

表 6-1　　**实验一：样本分组数据**

		负面口碑数量		合计
		1	10	
初步态度矛盾性水平	低	53	58	111
	高	55	57	112
合计		108	115	223

研究将被试引至商品页面进行测量和数据收集。被试平均随机分给 4 个分组。研究根据得到的样本数据，使用 SPSS20.0 对测量初步态度矛盾性的三个题项的信度进行了检验，得到 Cronbach's α 系数值为 0.912，且各个测量度在各自所属维度上的因子负荷均大于 0.9。

(2)操纵检验

实验对被试初步态度矛盾性分组控制进行操纵检验，样本整体初步态度矛盾性均值为 3.403，低水平分组的被试初步态度矛盾性均值为 2.616，高水平分组的被试初步态度矛盾性均值为 4.185，高矛盾组得分均值显著高于低矛盾组均值得分($t=-17.611$，$df=221$，$p<0.001$)，显示操纵效果较为理想。

用于区分 1 条负面口碑信息和 10 条负面口碑信息的两个高矛盾组的被试初步态度矛盾性得分均值分别为 4.073 和 4.292，没有显示出显著差异($t=-1.604$，$df=110$，$p=0.112$)，用于区分 1 条负面口碑信息和 10 条负面口碑信息的两个低矛盾性组的被试初步态度矛盾性得分均值分别为 2.604 和 2.626，没有显示出显著差异($t=-0.200$，$df=109$，$p=0.842$)。

(3)数据分析

假设 H1 用以检验消费者面对纯负面口碑时的两种行为选择：放弃考虑购买该商品或继续考虑购买该商品。消费者的行为选择变

量 x 服从(0-1)分布。实验将消费者选择继续考虑购买的选项取值为0，选择放弃购买的选项取值为1，对消费者选择放弃购买的概率在置信水平为0.95时进行区间估计。样本数据如表6-2所示。

表6-2　　实验一：消费者放弃购买概率的区间估计

分组		样本数	放弃购买的样本数	$\bar{x}$	$Z_{\alpha/2}$	a	b	c	b^2-4ac	p_1	p_2
矛盾性	负面口碑数量										
总体样本		223	219	0.982	1.960	226.842	-441.842	215.072	75.121	0.955	0.993
低	1	53	50	0.943	1.960	56.842	-103.842	47.170	58.248	0.846	0.981
低	10	58	57	0.983	1.960	61.842	-117.842	56.017	29.859	0.909	0.997
高	1	55	55	1.000	1.960	58.842	-113.842	55.000	14.758	0.935	1.000
高	10	57	57	1.000	1.960	60.842	-117.842	57.000	14.758	0.937	1.000

对于总体样本，样本总数 $n=223$，放弃购买的样本数为219，放弃购买的概率的置信水平为0.95的置信区间为(0.955，0.993)，即消费者在浏览了纯负面口碑后放弃购买意图的概率位于95.5%~99.3%。

分组来看，矛盾性低水平分组中，浏览了只有1条负面口碑的被试放弃购买的概率的置信水平为0.95的置信区间为(0.846，0.981)，即消费者在浏览了纯负面口碑后放弃购买意图的概率位于84.6%~98.1%。矛盾性低水平分组中，浏览了有10条负面口碑的被试放弃购买的概率的置信水平为0.95的置信区间为(0.909，0.997)，即消费者在浏览了纯负面口碑后放弃购买意图的概率位于90.9%~99.7%。矛盾性高水平分组中，浏览了只有1条负面口碑的被试放弃购买的概率的置信水平为0.95的置信区间为(0.935，1.000)，即消费者在浏览了纯负面口碑后放弃购买意图的概率位于93.5%~100%。矛盾性高水平分组中，浏览了有10条负面口碑的被试放弃购买的概率的置信水平为0.95的置信区间为(0.937，1.000)，即消费者在浏览了纯负面口碑后放弃购买意图的概率位于93.7%~100%。

由此可见，无论是从总体样本还是从分组数据来看，消费者在浏览了纯负面口碑后，在置信水平0.95时，其放弃购买意图的概率都位于84.6%的右边，即消费者放弃购买意图的概率在置信水平0.95时都大于80%，表明大部分消费者在面对纯负面口碑时会选择放弃购买意图，假设H1得到支持，显示纯负面口碑的情形难以为将消费者阅读口碑信息后的购买意愿等作为对象的相关研究提供研究背景，后续实验采取同时包含正面口碑和负面口碑的混合型口碑集作为研究对象是较为合理的。

6.3.2 实验二

实验二用以检验假设H2(初步态度矛盾性对于消费者负面口碑信息处理行为的影响)、假设H3(负面口碑信息质量对其说服力的影响)、假设H4(初步态度矛盾性对负面口碑说服力的影响)和假设H5(负面口碑对态度矛盾性作用的加速递增趋势)。实验研究对象是负面口碑，在实验操作时，采用同时包含正面口碑和负面口碑的混合型口碑。对于被试初步态度矛盾性的控制直接采用第5章实验中使用的商品页面设计，正面口碑信息在第5章实验基础上根据需要进行调整，负面口碑在本实验中设计，与正面口碑混合，形成混合型口碑。

6.3.2.1 实验设计

研究采用2(初步态度高矛盾性，初步态度低矛盾性)×2(负面口碑高质量，负面口碑低质量)的组间设计。随机将试被分配到一个分组，让其浏览商品页面，并让其浏览纯正面口碑集，测试此时被试的态度矛盾性(AM_0)；然后让被试浏览在正面口碑集基础上加入了特定负面口碑集N的混合型口碑集，再测试被试此时态度矛盾性(AM_1)和被试对于负面口碑信息的加工方式；最后让被试浏览在正面口碑集基础上加入了特定负面口碑集N和等价的负面口碑集N′的混合型口碑集，再测试此时被试的态度矛盾性(AM_2)。

为了让三次测量被试态度矛盾性的情形自然、合理，实验对三次浏览口碑信息的情景进行设置，分为三个步骤。第一步：实验告知被试需要购买一个旅行箱，对商品页面展示的目标商品感兴趣，浏览商品页面信息及口碑信息，这时展示给被试纯正面口碑信息，浏览完纯正面口碑信息后测试此时被试的态度矛盾性(AM_0)。第二步：情景提示没有立刻购买，而是过了一天后再来浏览最新的商品评价信息，这时显示加入了特定负面口碑集 N 的混合型口碑集，并测量被试浏览完混合型口碑集后的态度矛盾性(AM_1)和对于负面口碑信息的加工方式；第三步：情景提示仍然没有立刻购买，过了一天后再来浏览这款商品的最新评价信息，这时在第二步显示的口碑集基础上增加等价负面口碑集 N′，并测量被试浏览完口碑信息后的态度矛盾性(AM_2)。

因为实验采取重复测量设计，三次测量被试态度矛盾性程度，为了尽量避免被试在重复测量实验下产生练习效应，没有测量被试的初步态度矛盾性以减少测量次数。

实验使用的测量题项与第 5 章完全相同。只是在询问被试对于口碑信息处理方式时，强调要求被试仅对于负面口碑信息的处理方式作出报告。

态度矛盾性水平控制页面设计与实验一相同，直接采用第 5 章实验使用的控制页面。

在第 5 章实验中，正面口碑高质量分组页面和低质量分组页面各包含 36 条高质量或低质量的正面口碑。本实验中，正面口碑集从两个分组中各随机选取 18 条口碑组合形成包含 36 条正面口碑的既定正面口碑集，以防止正面口碑信息突出的信息质量特征对实验结果产生影响。

混合型口碑集中，特定负面口碑集 N 包含 2 条负面口碑，以保证正面口碑占据主导。高质量和低质量的负面口碑的设计思想与第 5 章实验相同。主、客观性正面口碑信息的设计借鉴 Smith (1990)的实验设计。为了避免主、客观性之外因素的干扰，实验中使用的负面口碑信息采取主观性口碑和客观性口碑一一对应的方式。主观性口碑和对应的客观性口碑描述相同的商品属性，主观性口碑以评价者主观感受或较为笼统的方式给出，客观性口碑则给出更多细节和具体的描述。口碑信息内容根据从购物网站网页上截取的真实评价信息改编。2 条主观性负面口碑为："旅行箱不耐磨"、"轮子不好"。2 条客观性负面口碑为："旅行箱材质不抗磨损，出差三四天回来已划了四五道印子了"、"轮子滚起来比较费力，万向轮转弯时总卡，不太顺畅"。

对设计的主观性负面口碑和客观性负面口碑集邀请了 79 位在校大学生分两组进行测试，一组阅读主观性负面口碑，另一组阅读客观性负面口碑。被试被要求对每条口碑的主客观性进行评分，题项参考 Wiebe 和 Riloff(2005)的标准生成。数据结果显示主观性口碑和客观性口碑主客观性得分均值存在显著差异($M_s=2.392$，$M_o=5.025$，$t=-14.316$，df=77，$p<0.001$)。

实验测量了被试浏览三种口碑信息集后的态度矛盾性。第二次的测量值(AM_1)和第一次的测量值(AM_0)之间的差值表示实验中第一次追加的特定负面口碑集 N 对被试态度矛盾性的作用，第三次的测量值(AM_2)和第二次的测量值(AM_1)之间的差值表示第二次追加到混合口碑集(已包含正面口碑集和特定负面口碑集 N)的等价负面口碑集 N′对被试态度矛盾性的作用。具体设计时，第二次追加的负面口碑集 N′的两条信息只是在第一次追加的信息的表达上略微变更了个别文字，使被试不会感觉信息完全一样而引起质疑，同时又保持信息主体不变，使其与第一次追加的负面口碑集 N 的信息量及信息质量保持一致，便于比较两次追加的负面口碑集对消费者态度矛盾性的作用大小。

6.3.2.2 数据收集与数据分析

(1)数据收集

通过网络问卷平台和电子邮件发放调查问卷，将被试引导至实验页面。历时 2 个半月，最终收到有效数据 201 份，其中，男女性别比例为 42.289%和 57.711%，女性比例略高。年龄位于 19~49 岁，19~25 岁占 44.279%，26~35 岁占 39.801%，36~49 岁占 15.920%。在受教育程度方面，高中及以下学历占 9.950%，大专及大学本科学历占 72.637%，研究生及以上学历占 17.413%。个人月收入为 2000 元及以下的占 5.970%，2001~5000 元的占

61.194%，5001～8000 元的占 28.358%，8001 元以上的占 4.478%。分组数据如表 6-3 所示。

表 6-3 **实验二：样本分组数据**

		正面口碑信息特征		合计
		主观性	客观性	
初步态度矛盾性水平	低	44	48	92
	高	58	51	109
合计		102	99	201

研究根据得到的样本数据，使用 SPSS20.0 对量表的信度进行了检验，得到量表中各维度测量题项的 Cronbach's α 系数值在 0.893～0.972，且各个测量度在各自所属维度上的因子负荷均大于 0.89。如表 6-4 所示。

表 6-4 **实验二：量表信度检验**

变　量	测试题项	因子载荷	Cronbach's α
启发式处理	HEU1	0.908	0.893
	HEU2	0.923	
	HEU3	0.895	
系统式处理	SYS1	0.918	0.900
	SYS2	0.916	
	SYS3	0.906	
浏览纯正面口碑后态度矛盾性	AM_0_1	0.931	0.911
	AM_0_2	0.924	
	AM_0_3	0.909	
浏览了追加 N 的混合型口碑后态度矛盾性	AM_1_1	0.932	0.934
	AM_1_2	0.944	
	AM_1_3	0.945	

续表

变　　量	测试题项	因子载荷	Cronbach's α
浏览了追加 N′的混合型口碑后态度矛盾性	AM_2_1	0. 928	0. 923
	AM_2_2	0. 942	
	AM_2_3	0. 924	

(2)数据分析

假设 H2 针对初步态度的高矛盾性和低矛盾性分组进行检验。分组及检验结果描述如表 6-5 所示。

表 6-5　　　**实验二：信息处理方式分组数据**

	信息处理方式					
	系统式方式			启发式方式		
	均值	标准差	样本量	均值	标准差	样本量
低矛盾组	5. 529	0. 777	92	2. 123	0. 973	92
高矛盾组	4. 440	0. 833	109	3. 859	0. 762	109

数据结果显示，低矛盾性被试系统式处理方式得分均值为 5. 529，高矛盾性被试系统式处理方式得分均值为 4. 440，低矛盾组的系统式处理方式得分均值显著高于高矛盾组的系统式处理方式得分均值（$t=9.521$，$df=199$，$p<0.001$），显示高矛盾性被试相对于低矛盾性被试采取更多的系统式处理，投入更多的加工努力，假设 H2a 得到支持。

低矛盾性被试启发式处理方式得分均值为 2. 123，高矛盾性被试启发式处理方式得分均值为 3. 859，低矛盾组的启发式处理方式得分均值显著低于高矛盾组的启发式处理方式得分均值（$t=-13.891$，$df=171.006$，$p<0.001$），显示高矛盾性被试相对于低矛盾性被试采取更多的启发式处理，假设 H2b 得到支持。

2（初步态度高矛盾性，初步态度低矛盾性）×2（负面口碑高质量，负面口碑低质量）的组间实验数据结果如表 6-6 所示。

表 6-6　　　　实验二：组间实验检验结果

	低矛盾性			高矛盾性			总和
	AM_0	AM_1	AM_CHANGE	AM_0	AM_1	AM_CHANGE	AM_CHANG
主观负面口碑	2.273	2.349	0.076***	3.920	4.109	0.189***	0.141***
客观负面口碑	2.250	2.403	0.153***	3.915	4.196	0.281***	0.220***
总和	2.261	2.377	0.116***	3.917	4.150	0.232***	0.179***

注：***在 0.001 水平上显著不为 0；AM_0 表示浏览纯正面口碑后的态度矛盾性均值；AM_1 表示浏览了加入特定负面口碑集 N 的混合型口碑后态度矛盾性均值；AM_CHANGE 表示态度矛盾性改变均值。

总体来看，口碑信息中增加了特定负面口碑集 N 后，被试的态度矛盾性改变量均值为 0.179，显著大于零($t=12.047$，$df=200$，$p<0.001$)，显示负面口碑对消费者态度矛盾性具有显著提升的作用。

口碑信息中增加了特定负面口碑集 N 后，浏览了主观性负面口碑的消费者态度矛盾性的改变量均值为 0.141，浏览了客观性负面口碑的消费者态度矛盾性的改变量均值为 0.220，前者在 0.01 的水平上显著低于后者($t=-2.674$，$df=199$，$p=0.008$)。

分组来看，对于低矛盾组被试，浏览了主观性负面口碑的被试态度矛盾性改变量均值为 0.076，浏览了客观性负面口碑的被试态度矛盾性改变量均值为 0.153，前者在 0.05 的水平上显著低于后者($t=-2.189$，$df=85.755$，$p=0.031$)；对于高矛盾组被试，浏览了主观性负面口碑的被试态度矛盾性改变量均值为 0.189，浏览了客观性负面口碑的被试态度矛盾性改变量均值为 0.281，前者在 0.05 的水平上显著低于后者($t=-2.156$，$df=107$，$p=0.033$)。数据结果显示客观性负面口碑信息相对于主观性负面口碑信息，对于个体态度矛盾性的作用更大，假设 H3 得到支持。

浏览了主观性负面口碑信息的被试态度矛盾性改变量均值为0.141($t=7.246$，df=101，$p<0.001$)，其中低矛盾组被试态度矛盾性显著升高0.076($t=3.556$，df=43，$p=0.001$)，高矛盾组被试态度矛盾性显著升高0.189($t=6.647$，df=57，$p<0.001$)。高矛盾组被试的态度矛盾性改变量在0.01的水平上显著大于低矛盾组被试($t=-3.199$，df=97.923，$p=0.002$)。

浏览了客观性负面口碑信息的被试态度矛盾性改变量均值为0.220($t=9.941$，df=98，$p<0.001$)，其中低矛盾组被试态度矛盾性显著升高0.153($t=5.457$，df=47，$p<0.001$)，高矛盾组被试态度矛盾性显著升高0.281($t=8.927$，df=50，$p<0.001$)。高矛盾组被试的态度矛盾性改变量在0.01的水平上显著大于低矛盾组被试($t=-3.031$，df=97，$p=0.003$)。

数据结果显示无论是面对主观性负面口碑还是客观性负面口碑，高矛盾性个体相对于低矛盾性个体，态度矛盾性改变量更多，更容易受到负面口碑影响提升态度矛盾性，假设H4得到支持。

研究假设H5需要检验在两次加入负面口碑集后态度矛盾性改变量之间的关系。第二步的测量值(AM_1)减去第一步的测量值(AM_0)后的差值用ΔAM_N表示，表示在纯正面口碑集中加入的特定负面口碑集N对被试态度矛盾性的作用；第三步的测量值(AM_2)减去第二步的测量值(AM_1)后的差值用ΔAM _N′表示，表示第二次加入的等价负面口碑集N′对于被试态度矛盾性的作用。ΔAM_CHANGE表示ΔAM _N′减去ΔAM_N，即表示第三步加入的负面口碑集N′与第二步加入的负面口碑集N作用的差异。假设H4是要检验ΔAM_CHANGE大于0。数据分析如表6-7所示。

表6-7　**实验二：负面口碑加速递增作用检验**

	低矛盾性			高矛盾性			总和
	ΔAM_N	ΔAM _N′	ΔAM_CHANGE	ΔAM_N	ΔAM _N′	ΔAM_CHANGE	ΔAM_CHANGE
主观负面口碑	0.076***	0.174***	0.098***	0.189***	0.333***	0.144***	0.124***

续表

	低矛盾性			高矛盾性			总和
	ΔAM_N	ΔAM _N′	ΔAM_CHANGE	ΔAM_N	ΔAM _N′	ΔAM_CHANGE	ΔAM_CHANGE
客观负面口碑	0.153***	0.326***	0.173***	0.281***	0.510***	0.229***	0.202***
总和	0.116***	0.234***	0.138***	0.232***	0.416***	0.184***	0.163***

注：***表示在0.001的水平上显著不等于零。

低矛盾组被试在面对主观负面口碑集时，第一次追加的负面口碑集N对态度矛盾性的作用为0.076，第二次追加的等价负面口碑集N′对态度矛盾性的作用为0.174，第二次作用减去第一次作用的差值为0.098，显著大于零($t=3.543$，df=43，$p=0.001$)。低矛盾组被试在面对客观负面口碑集时，第一次追加的负面口碑集N对态度矛盾性的作用为0.153，第二次追加的等价负面口碑集N′对态度矛盾性的作用为0.326，第二次作用减去第一次作用的差值为0.173，显著大于零($t=5.535$，df=47，$p<0.001$)。

高矛盾组被试在面对主观负面口碑集时，第一次追加的负面口碑集N对态度矛盾性的作用为0.189，第二次追加的等价负面口碑集N′对态度矛盾性的作用为0.333，第二次作用减去第一次作用的差值为0.144，显著大于零($t=6.571$，df=58，$p<0.001$)。高矛盾组被试在面对主观负面口碑集时，第一次追加的负面口碑集N对态度矛盾性的作用为0.281，第二次追加的等价负面口碑集N′对态度矛盾性的作用为0.510，第二次作用减去第一次作用的差值为0.229，显著大于零($t=7.229$，df=50，$p<0.001$)。

由各分组数据分析结果可知，第二次追加的等价负面口碑集N′对于被试态度矛盾性的作用均显著大于第一次追加的负面口碑集N的作用，显示负面口碑对于态度矛盾性加速递增作用的存在，假设H5得到支持。

利用第三步的数据，对假设H3、H4进行再次检验。分组来看，对于低矛盾组被试，浏览了主观性负面口碑的被试态度矛盾性改变量均值为 0.174，浏览了客观性负面口碑的被试态度矛盾性改变量均值为 0.326，前者在 0.01 的水平上显著低于后者（$t=-3.129$，$df=90$，$p=0.002$）；对于高矛盾组被试，浏览了主观性负面口碑的被试态度矛盾性改变量均值为 0.333，浏览了客观性负面口碑的被试态度矛盾性改变量均值为 0.510，前者显著低于后者（$t=-3.603$，$df=107$，$p<0.001$）。数据结果显示客观性负面口碑信息相对于主观性负面口碑信息，对于个体态度矛盾性的作用更大，假设 H3 得到支持。

浏览了主观性负面口碑信息的被试态度矛盾性改变量均值为 0.265，其中低矛盾组被试态度矛盾性显著升高 0.174，高矛盾组被试态度矛盾性显著升高 0.333。高矛盾组被试的态度矛盾性改变量在 0.001 的水平上显著大于低矛盾组被试（$t=-3.280$，$df=100$，$p=0.001$）。

浏览了客观性负面口碑信息的被试态度矛盾性改变量均值为 0.220，其中低矛盾组被试态度矛盾性显著升高 0.326，高矛盾组被试态度矛盾性显著升高 0.510。高矛盾组被试的态度矛盾性改变量显著大于低矛盾组被试（$t=-3.678$，$df=97$，$p<0.001$）。

数据结果显示无论是面对主观性负面口碑还是客观性负面口碑，高矛盾性个体相对于低矛盾性个体，态度矛盾性改变量更多，更容易受到负面口碑影响提升态度矛盾性，假设 H4 得到支持。

6.3.3 实验三

实验二对于被试的态度矛盾性采用了重复测量设计，分别测量了三次。另外，为了设置让被试感知合理的情景，混合型口碑显示时，负面口碑是追加显示在所有正面口碑之前（实验二设置的情景是时隔一天后再次浏览更新后产生的混合型口碑，则负面口碑为更新后出现的，现实的评价系统一般是最新的口碑信息显示在最前面）。在现实中，在线消费者看到的混合型口碑更多是正面口碑和负面口碑随机混合在一起的，实验三的目的是检验实验二对于态度矛盾性的多次测量和口碑信息采用的特定显示顺序是否会影响被试的态度矛盾性。实验三对实验设计进行调整，对假设 H5 进行再次检验。

6.3.3.1 实验设计

实验三对假设H5进行再次检验，检验负面口碑对态度矛盾性作用的加速递增趋势，其假设不涉及消费者初始态度矛盾性水平和负面口碑信息质量水平。

实验采取为每个实验组增加两个对照组的方式。实验组的实验步骤与实验二完全相同，分三个时点三次测量被试的态度矛盾性。两个对照组对被试只测试一次态度矛盾性。对照组一在浏览了商品页面信息后，直接浏览包含特定负面口碑集N的混合型口碑，且负面口碑按随机顺序与正面口碑混合，测量此时对照组被试的态度矛盾性，并与实验组被试第二步测量的态度矛盾性(AM_1)进行比较，检验是否存在显著差异。对照组二在浏览了商品页面信息后，直接浏览包含负面口碑集N和等价口碑集N′的混合型口碑，且负面口碑按随机顺序与正面口碑混合，测量此时对照组被试的态度矛盾性，并与实验组被试第三步测量的态度矛盾性(AM_2)进行比较，检验是否存在显著差异。因为每个实验分组需要增加两个对照组，如沿用实验二的实验设计，4个分组则需要8个对照组，研究希望适当增加实验中每个分组的样本数以进一步提高实验结果的稳健性，因此，在实验三的设计中，对于假设检验只使用一个实验组。

实验组初步态度矛盾性和负面口碑信息质量控制为高低水平之间的折中水平，并为该实验组增加2个对照组。

商品页面设计时，取第4章实验一设计的高水平积极态度控制方式和低水平积极态度确定性控制方式，即商品属性显示高水平描述，商家为集市商家且无商品展示视频，以控制初步态度矛盾性位于第4章实验一态度矛盾性高低水平之间的折中水平。

正面口碑集直接采用实验二的设计，从第5章实验正面口碑的高质量设计和低质量设计集中分别随机选取18条，形成包含36条口碑的正面口碑集。

负面口碑集包含2条负面口碑，从实验二的高质量分组和低质量分组的负面口碑集中各选取1条组合而成。

6.3.3.2 数据收集与数据分析

(1)数据收集

通过网络问卷平台和电子邮件发放调查问卷，将被试引导至实验页面。最终收到有效数据 396 份，其中，男女性别比例分别为 53.535%和 46.465%，男性比例略高。年龄位于 17~53 岁，17~25 岁占 34.596%，26~35 岁占 50.253%，36~49 岁占 15.152%。在受教育程度方面，高中及以下学历占 9.091%，大专及大学本科学历占 81.566%，研究生及以上学历占 9.343%。个人月收入为 2000 元及以下的占 3.030%，2001~5000 元的占 80.556%，5001~8000 元的占 13.131%，8001 元以上的占 3.283%。实验组 146 人，对照组一 128 人，对照组二 122 人。

研究根据得到的样本数据，使用 SPSS20.0 对量表的信度进行了检验，得到量表中各维度测量题项的 Cronbach's α 系数值在 0.862~0.949，且各个测量度在各自所属维度上的因子负荷均大于 0.87(见表 6-8)。

表 6-8　**实验三：量表信度检验**

变量	测试题项	实验组		对照组一		对照组二	
		Cronbach's α	因子荷载	Cronbach's α	因子荷载	Cronbach's α	因子荷载
浏览纯正面口碑后态度矛盾性	AM_0_1 AM_0_2 AM_0_3	0.949	0.947 0.952 0.960				
浏览包含特定负面口碑集 N 的混合型口碑后态度矛盾性	AM_1_1 AM_1_2 AM_1_3	0.897	0.941 0.894 0.904	0.902	0.936 0.897 0.929		
浏览包含等价负面口碑集 N′的混合型口碑后态度矛盾性	AM_2_1 AM_2_2 AM_2_3	0.894	0.885 0.945 0.900			0.862	0.896 0.888 0.879

(2)数据分析

实验组在纯正面口碑集加入特定负面口碑集后，测得的态度矛盾性均值为3.443，对照组一的态度矛盾性均值为3.313，组间未呈现显著差异($t=1.645$，df=272，$p=0.101$)。实验组在纯正面口碑集加入等价负面口碑集N′后，测得的态度矛盾性均值为3.722，对照组二的态度矛盾性均值为3.885，组间未呈现显著差异($t=-1.809$，df=266，$p=0.072$)。实验结果显示，采用实验二的实验步骤，测量次数和正、负口碑显示顺序未对被试的态度矛盾性产生显著影响。

在实验组，第一步被试浏览了纯正面口碑集后的态度矛盾性均值(AM_0)为3.295，第二步追加了特定负面口碑集N后被试态度矛盾性均值(AM_1)为3.443，其对态度矛盾性的作用为0.148；第三步追加等价负面口碑集N′后被试态度矛盾性(AM_2)为3.722，其对态度矛盾性的作用为0.279，负面口碑集N′的作用减去负面口碑集N的作用的差值为0.131，显著大于零($t=9.371$，df=145，$p<0.001$)，显示追加的等价负面口碑集N′对于被试态度矛盾性产生的作用更大，假设H5得到支持。

6.4 研究结论及讨论

本章通过实验研究，检验了在线消费者态度矛盾性对于消费者负面口碑信息的处理方式和处理结果存在作用：初步态度矛盾性较低的消费者相对于矛盾性较高的消费者，对于负面口碑信息处理投入更多的加工努力，采用较多的系统式加工方式，较少的启发式加工方式；负面口碑信息对于态度矛盾性高的消费者(相对于态度矛盾性低的消费者)作用更大，并且随着负面口碑的增加，其对于消费者态度矛盾性的作用加速递增，即后续等量增加的负面口碑比之前等量增加的负面口碑对消费者态度矛盾性的作用更大。实验数据还验证了负面口碑信息质量会影响其对在线消费者的影响力：高质量的负面口碑信息比低质量的负面口碑信息对消费者态度矛盾性的作用更大。

根据研究结论，当商品只存在负面口碑时，哪怕是数量很少，也会使后续的潜在消费者放弃购买意愿，而不管商品信息页面能够让消费者产生多大的积极感受。这一结论提示，商品在刚刚上架销售的初期获取正面口碑是非常重要的。如果商品在销售初期，获得的消费者评价都是负面的，哪怕前期负面评价只是特例，数量很少，也会严重阻碍后续潜在消费者的购买意图，失去获取正面评价的机会，从而使商品销售停滞。因此，在商品销售初期，商家应采取一定的营销策略和售后政策快速积累正面口碑。如在商品销售初期按照渗透市场原理采取促销价格，让初期消费者感知到更高的性价比，提高消费者整体满意度和评价；或采取更为全面和宽松的售后政策，以减少消费者对购买不满意的情况。

根据研究结论，面对相同的负面口碑，初步态度矛盾性高的消费者投入较少的系统式加工，却更容易受到负面口碑的影响而致使态度矛盾性升高。这显示负面口碑对于消费者的作用会受到其初步态度矛盾性的影响。如果消费者初步态度矛盾性较低，在面对少量负面口碑时，会呈现一定的抵御能力；如果消费者初步态度矛盾性较高时，负面口碑的消极影响会被放大，消费者更容易受到负面口碑的影响。在现实情形中，商品口碑中难免存在负面口碑，如何降低负面口碑对于消费者的消极影响是商家一直关注的问题。研究结论提示，降低消费者初步态度矛盾性是可行的途径之一。根据第 4 章的研究模型，优化商品信息页面设计，提高消费者积极态度和积极态度确定性是降低消费者初步态度矛盾性的重要手段。研究结论再次强调了商家应重视商品信息页面设计的优化，降低消费者初步态度矛盾性以力求降低负面口碑对消费者的消极影响。

研究结论也显示，负面口碑对在线消费者的作用具有加速递增的趋势。这一结论提示，电商企业在对商品口碑信息进行维护时，对于负面口碑总量的控制非常重要。当混合型口碑集中存在少量负面口碑集时，对于消费者态度矛盾性的作用可能较小，但随着负面口碑总量的增加，再增加的等价负面口碑集会带来对于消费者态度矛盾性更大的提升后果。如果要维持混合型口碑集中正面口碑和负面口碑作用的一定比例（如维持混合型口碑集中正面口碑作用占据相当的主导作用)，会需要获取更多的正面口碑，商家为此要付出的口碑维护成本也呈现递增趋势。因此，商家应该通过有效的售后服务措施尽量将负面口碑总量控制在适当范围内，以达到对负面口碑消极作用和口碑维护成本的有效控制。

6.5 本章小结

本章通过三个实验，检验了由于在线消费者初步态度矛盾性差异而产生的其后续负面口碑信息处理行为和态度矛盾性改变的差异以及负面口碑对于消费者态度矛盾性作用的加速递增特征。实验一检验了纯负面口碑会导致消费者放弃购买意愿，从而支持本研究采取混合型口碑形式进行研究。实验二通过2(初步态度矛盾性：高，低)×2(负面口碑信息质量：低，高)的设计，检验了被试由于初步态度矛盾性差异而产生的负面口碑信息加工方式和受负面口碑影响程度的差异，检验了负面口碑质量对于口碑影响力的作用；分阶段测量被试的态度矛盾性并进行比较，检验了负面口碑作用的加速递增趋势。各项研究假设得到支持。实验三通过为实验组增加两个对照组，排除了态度矛盾性多次测量和正、负面口碑显示顺序对于实验结果的影响。研究结论提示，电商企业优化商品页面信息以降低消费者初步态度矛盾性是非常重要的，有利于降低负面口碑对于消费者的消极影响；同时，采取有效措施尽力控制负面口碑总量也是很有必要的。

7 研究结论与展望

7.1 主要研究结论与启示

本书以在线购物模式为研究背景，针对在线购物方式下独有的特征，探讨了在线消费者面对纯正面商品信息页面时对于目标商品初步态度矛盾性形成的机制，并研究了初步态度矛盾性对于消费者后续口碑信息处理的影响。本书的主要研究结论如下：

(1)在线购物方式下，消费者面对纯正面商品信息页面，在对目标商品产生占主导的积极态度的同时，还会产生预期消极态度，即会预期商品存在目前未知的负面信息。对于负面信息的预期依赖于消费者产生的积极态度以及积极态度确定性。当消费者根据商品信息页面产生的积极态度越高，感知的积极态度确定性越高时，消费者对于未知负面信息的预期越低，即消费者产生的预期消极态度越低。预期消极态度正向决定消费者在浏览完商品页面信息后的初步态度矛盾性，积极态度和积极态度确定性对于初步态度矛盾性的作用完全由预期消极态度扮演中介角色。这一结论显示降低消费者初步态度矛盾性可以通过对于积极态度和积极态度确定性的控制来实现，凸显了优化商品信息页面的重要性。

(2)消费者的积极态度和积极态度确定性共同决定预期消极态度。Priester 等(2007)的研究确定了积极态度与预期消极态度的负向决定关系。本研究根据在线购物方式下突出的消费者感知不确定性，将积极态度确定性纳入模型。根据放大假设(Clarkson, et al., 2008)，本书提出假设并检验了积极态度确定性会放大积极态度对于预期负面态度的反向作用，即在积极态度一定时，积极态度确定性越高，意味着消费者感知自己对于目标商品形成的判断越有信心，则消费者会预期存在越少的负面信息。这一结论为电商企业如何有效设计商品页面来降低消费者预期消极态度提供了思路。在具体设计商品页面时，一方面，信息描述的商品属性水平是信息内容，会影响消费者对于商品的积极评价程度；另一方面，也要注意采取和设计有效的信息展示方式，来提高消费者对于其看到的信息内容的确定程度和信心，即不仅要让消费者了解商品的正面信息，更要让消费者相信和确信所看到的内容。如何提高消费者态度确定性就需要电商企业根据已有研究的成果，合理地运用态度确定性的前置因素进行设计，如提高信息展示的充分性，提供更多直接体验的展示方式，提高各种信息展示呈现的信息一致性以及维护自身良好信用等级以提高消费者感知的积极态度确定性。这一研究结论让电商企业在重视“告诉消费者我们的商品很好”的同时，更要重视“让消费者相信他/她们所看到的”。

(3)研究结论显示，消费者感知的购买卷入度因素会影响预期消极态度对于态度矛盾性的正向作用。当消费者感知的卷入度较高时，相同的预期消极态度会产生较高的态度矛盾性。这一结论提示，商家在试图降低消费者初步态度矛盾性时，要对消费者感知的卷入度进行估计。影响卷入度的因素通常包括商品本身属性和购买情景。商家需要对销售的商品的特性(如价值、用途等)进行评价及对销售情景进行评估(如特殊节日的促销等)，对消费者感知的卷入度水平进行合理估计，以对预期消极态度进行合理的控制，有效降低消费者初步态度矛盾性。

(4)消费者在形成了具有矛盾性的初步态度后，浏览商品的口碑信息。初步态度的矛盾性程度不同，意味着积极态度及积极态度确定性为消费者带来的整体积极感受存在差异。消费者的整体积极感受越强，其对于维持已有感受和态度的倾向越强，其对于外界信息的偏颇吸收行为越显著。研究结论显示，在面对正面口碑时，初步态度矛盾性低的消费者(相对于初步态度矛盾性高的消费者)，较少对口碑内容产生质疑，对口碑信息加工投入较少的努力，更多地受到口碑信息的积极影响而降低态度矛盾性。这一结论显示，正面口碑在对消费者发挥作用的时候受到消费者已有初步态度矛盾性的制约。消费者根据商品页面信息形成的初步态度矛盾性较低时，正面口碑能够比较有效地发挥积极作用；如果消费者根据商品页面信息已经形成了较高矛盾性的初步态度，这时，相同的正面口碑能够发挥的积极作用被削弱。电商企业现都已重视对于商品口碑信息的维护，这一结论突出强调了优化商品信息页面以降低消费者初步态度矛盾性是正面口碑信息发挥最大积极作用的前提。

(5)在面对负面口碑时，初步态度矛盾性低的消费者(相对于初步态度矛盾性高的消费者)对于口碑信息加工投入较多的努力，较少地受到口碑信息的影响。这一结论显示，消费者初步态度矛盾性会影响消费者对于负面口碑的抵御能力。当消费者自身整体积极感受较强时，对于负面口碑说服的抵御能力较强，这是电商企业所期望的。现实中，商品口碑信息中难免存在负面口碑，有研究显示，负面口碑相对于正面口碑往往对消费者的影响更大(Duan, et al., 2008b)。如何有效降低负面口碑对消费者的消极影响是电商企业关注的问题。根据研究结论，提高消费者初步态度整体的积极感受，降低初步态度矛盾性能够有效降低负面口碑的消极影响。

(6)研究结论显示，负面口碑对于消费者的负面影响具有加速递增趋势。在口碑集中只包含少量负面口碑时，负面口碑对于消费者的作用较小；如果在口碑集中继续增加等价的负面口碑，追加的等价负面口碑的负面作用会增大，即负面口碑的边际效应是越来越大的。这意味着，随着口碑集中负面口碑的增加，其对消费者消极作用的提升趋势更大，企业用以维持口碑集中正面口碑占据一定主导比例的信息维护成本也呈现加速递增趋势。根据这一结论，电商企业应该重视控制商品口碑集中负面口碑的总量，采取有效的售后措施来减少商品口碑集中的负面口碑在整体上是具有收益的。

(7)研究结论显示，口碑信息质量高时，对于消费者的影响更大。这提示电商企业在注重累积消费者正面口碑数量的同时，还需要注意激励和引导消费者提供信息质量更高的口碑信息。如在系统评价体系中，为消费者提供评价的框架导向，引导消费者从商品重要属性方面进行评价，对于商品属性水平，鼓励消费者给出较为详细的描述。这样，电商企业可以从同等数量的正面口碑中获取更大的积极效应。

7.2 研究局限

由于各种条件的限制，本研究存在以下局限：

(1)研究将在线消费者的购买决策过程分为两个步骤：首先浏览商品信息页面(商家提供的纯正面信息)，形成对于商品的初步态度矛盾性，然后再浏览商品的口碑信息，对初步态度进行调整形成最终态度。本书在研究初期通过访谈法，搜集了在线消费者购物过程的相关信息，总结出大部分在线消费者的决策过程符合这两个步骤，但也发现少部分消费者的决策过程并没有明确区分这两个步骤，而是将商品信息页面浏览和口碑信息浏览作为一个过程，最终形成一个态度。研究实验在实施时，分两个步骤先后测试被试的态度矛盾性，明确地对步骤进行了划分。对于少部分日常习惯只在最终形成一个态度的被试而言，可能会对这一明确要求其在浏览完商品信息页面后就报告初步态度矛盾性的方式感到不习惯，存在报告结果出现偏差的可能。

(2)本书研究消费者在面对商品纯正面信息时形成态度矛盾性的机制。在现实购物环境中，商家认为提供给消费者的商品信息都是正面的，但可能由于消费者个体特殊的评价标准或需求爱好等，某些消费者认为其中某些内容在自己评价中是属于负面信息。如当商品为服装时，商家提供细节图片展示商品优良的面料，但消费者关注到图片上出现的其他内容，如拉链的质地和颜色是自己不喜欢的，对这一商家无意展示的商品属性并不满意，形成对于目标商品的消极态度。这时的情形，对于商家其认为是提供了纯正面商品信息，而对于消费者则认为信息中包含负面信息，形成初步态度中的消极态度。在实验中，控制页面设计时对商品信息的纯正面性进行了较为严格的控制，但没办法绝对避免被试个体需求特征产生以上对于某些展示信息存在负面评价的情况。基于预期冲突型反应的态度矛盾性模型适用于明显呈现的负面信息为零，或非常小的情况

(Priester, et al., 2007)。所以，如果存在这种情况，只要负面评价在较小范围内，也能维持研究结论的稳健性。

(3)口碑信息质量包含较多的属性特征，如信息长度、信息详略程度以及对于口碑信息独有的一些展示方式，如现有口碑系统允许用户上传图片对商品属性进行展示，支持自己评价的内容；允许用户在初次评价后间隔一定时间对商品进行再次追加评价。这些都是影响口碑信息质量的因素。本书对于口碑信息质量水平使用信息的主观性和客观性来进行控制，未全面地对口碑信息质量特征进行控制。

7.3 未来研究方向

在现实购物环境下，同时包含正面口碑和负面口碑的混合型口碑是最为常见的情形。本书分正面口碑和负面口碑，研究了初步态度矛盾性对在线消费者口碑信息处理行为和处理结果的影响，为混合型口碑的研究提供了基本的支持。未来研究可直接将混合型口碑作为研究对象，研究混合型口碑中正面口碑和负面口碑之间的比例如何影响整体口碑对在线消费者态度矛盾性的作用以及整体对消费者购买意图产生积极或消极作用的临界比例，以便于电商企业设置口碑体系维护的目标指标。

对消费者态度矛盾性的控制在于尽量提高消费者的购买意向。消费者最终态度矛盾性与消费者购买意向之间的关系也一直是相关领域关注的问题。消费者态度矛盾性与最终购买行为之间的关系，可能还是受到其他因素的影响，如消费者对于自身态度的确定性(Clarkson, et al., 2008)。对这些影响因素的进一步探究，有助于电商企业提高消费者态度-行为一致性及其转化率。

本研究结论提示，正面口碑信息质量会影响其对于消费者的说服力。进一步的研究可以对口碑信息质量的其他特征进行探索以及探讨口碑信息新的展示方式对口碑说服力的影响。研究的方向可以包括：附加图片展示的口碑信息的说服力，追加评价是否会影响原评价的说服力等。

致　谢

在博士论文完成落笔之际，回顾博士学习期间的点点滴滴，有欣喜，有茫然，有付出，有收获，有艰辛，有感动。一幅幅画面浮现在眼前，可最想表达的是对在这求学路上一直支持着我的老师、同学、同事、朋友和家人们的感谢！

还记得在报考博士时的情景。当时我已有的研究方向是会计信息系统，已有的会计知识和计算机知识具有相当的技术性。在选择博士专业时，我曾认真思考这一交叉领域应该如何选择发展的专业方向。在研读了相关文献、专著和讲授了 ACCA 专业的企业战略相关课程后，我突然领悟到技术最终是为企业管理目标服务的，只有从企业管理和决策层面去利用技术才能发挥技术最大的效能：技术是细节，管理是格局。所以最终我选择了管理专业。在选报学校时，我毅然报考了华中科技大学，因为在这里，我完成了跨学科的硕士学习，硕士的三年学习让我深深爱上了这所弥漫着浓厚学术氛围和严谨作风的校园。

博士学习的第一年，管理学院为我们开设了涉及管理学科广泛领域的课程，老师们为我们介绍和讲解了各个领域最新的研究和实务的发展动态，我被深深吸引，眼前忽现一片多彩开阔的领域。这让我庆幸并更加坚定了自己的选择。我非常感谢管理学院为我们提供了优秀的平台——治学严谨的老师、积极进取的同学、丰富的学术交流活动、先进全面的信息搜索系统，这些都在亦苦亦甜的求学路上一直支持着我，都让我更爱这所学校和管理学院。

这一路走来，我要衷心感谢我的导师黄卫来老师，还记得第一次与黄老师通电话的情景。当时还未与老师见面，心情特别紧张，电话里黄老师随和、和蔼的声音顿时化解了电话这头我忐忑的心情。我特别感激黄老师一直以来对我的包容、支持和细心的教导。黄老师鼓励我按照自己的兴趣选择研究方向，在论文选题、研究方法、论文撰写与发表等各方面不厌其烦地对我进行反复的耐心和细致的指导，帮我克服一个一个的困难。黄老师治学严谨、平易近人、正直无私，学习他身上认真、踏实的治学之法以及宽容善良的处世之道，将是我今后的又一门课程。我也要感谢导师张子刚老师，虽然和张老师交流的机会不多，但每次张老师和蔼的笑容，都让我们感受到张老师对学生的真心呵护和关怀。张老师在论文开题时，根据我研究的方向，推荐我可以参阅的具体专业杂志，并细心地提示我论文答辩提交的具体时间安排。这些润物细无声的关怀让我备受感动。在此，让我献上对于两位导师最真挚的谢意！

我也要感谢在开题时杨超、蔡淑琴等老师的指导。老师们悉心提出的意见和建议，帮我进一步完善了研究的理论框架，也为研究方法的进一步严谨提供了思路。

我也要衷心感谢中南财经大学会计学院的领导和同事们。在博士求学的过程中，有时实在难以兼顾学业和工作，每当遇到困难时，学院的领导们都会特别体谅地提供便利，老师们也都尽量地在具体工作中为我分担。在这里，衷心地对他们说声谢谢！

还要特别感谢陪我一路走来的家人。感谢我的父母对我一直的支持，帮我分担生活的琐碎。感谢丈夫一直以来默默的付出，对我无微不至的照顾和包容。感谢女儿这么小就知道不打扰在写论文的妈妈，不要妈妈陪伴，自己独自画画。感谢你们无私的爱！

最后，对评阅和答辩专家的辛勤劳动表示深深的谢意！

谨以此书敬献给所有关心、支持和帮助过我的人们，并表示最衷心的感谢！

潘晓波

2015 年 8 月

附录1 问卷内容

A. 个人信息

A1. 性别：男　　女

A2. 年龄：__________

A3. 婚姻状况：已婚　　未婚

A4. 目前居住地区：________________(省、市、区/县)

A5. 受教育程度：

①高中及以下学历　　②大专及大学本科学历

③研究生及以上学历

A6. 月收入水平

①2000元及以下　　②2001~5000元

③5001~8000元　　④8001元以上

A7. 我的网龄大概有__________年

A8. 我一周平均上网时间有多少

①很少，少于2小时

②比较少，2~7小时(平均每天不到1小时)

③中等水平，7~21小时(一般每天大于1小时)

④比较多，21~42小时(一般每天3小时以上)

⑤超过42小时(除了上班时间，其他时间也经常泡在网上)

A9. 近半年以内我是否有过网络购物的经历呢？

①有　②无(选此项则结束问卷填写退出)

A10. 我网购经历大约有__________年

A11. 我购物的网站主要有__________(多选)

①淘宝网 ②拍拍网 ③当当网 ④天猫商城
⑤京东商城 ⑥亚马逊

其他________________

B. 第4章实验测量问卷

实验一：

B1-1. 根据页面展示的商品信息，只考虑正面因素，我对该商品的积极态度得分为______分（0～10分）（0分表示：一点也没有；10分表示：最大程度的积极态度）

B1-2. 对刚刚给出的对该商品的积极态度，请评价对以下三个说法的同意程度。（0分表示：完全不同意；10分表示：完全同意）

(1)我对自己的这个态度非常确定。______分（0～10分）

(2)我对自己的这个态度非常有信心。______分（0～10分）

(3)我觉得自己的这个态度非常正确。______分（0～10分）

B1-3. 您预期该商品有可能存在多少负面的属性（虽然在页面信息中未明确反映）：______分（0分表示：一点也没有；10分表示：有非常多）

B1-4. 整体来说，我对于该商品的态度（0分表示：完全不同意；10分表示：完全同意）

(1)具有两面性。______分（0～10分）

(2)具有冲突性。______分（0～10分）

(3)难以下决定。______分（0～10分）

实验二：

B2-1. 根据页面展示的商品信息，只考虑正面因素，我对该商品的积极态度得分为______分（0～10分）（0分表示：一点也没有；10分表示：最大程度的积极态度）

B2-2. 对刚刚给出的对该商品的积极态度，请评价对以下三个说法

的同意程度。(0 分表示：完全不同意；10 分表示：完全同意)

(1)我对自己的这个态度非常确定。______分(0~10 分)

(2)我对自己的这个态度非常有信心。______分(0~10 分)

(3)我觉得自己的这个态度非常正确。______分(0~10 分)

B2-3. 您预期该商品有可能存在多少负面的属性(虽然在页面信息中未明确反映)：

______分(0 分表示：一点也没有；10 分表示：有非常多)

B2-4. 整体来说，我对于该商品的态度(0 分表示：完全不同意；10 分表示：完全同意)

(1)具有两面性。______分(0~10 分)

(2)具有冲突性。______分(0~10 分)

(3)难以下决定。______分(0~10 分)

B2-5. 我觉得购买该商品的决策(0 分表示：完全不同意 10 分表示：完全同意)

(1)是非常重要的。______分(0~10 分)

(2)是意义重大的。______分(0~10 分)

(3)如果决策错误，我将觉得很沮丧。______分(0~10 分)

C. 第 5 章实验测量问卷

C1. 浏览了该商品信息页面后，整体来说，我对于该商品的态度(0 分表示：完全不同意；10 分表示：完全同意)

(1)具有两面性。______分(0~10 分)

(2)具有冲突性。______分(0~10 分)

(3)难以下决定。______分(0~10 分)

C2. 浏览了该商品信息页面后，现在我觉得：(0 分表示：完全不同意；10 分表示：完全同意)

(1)我还需要很多信息来完成对该商品的评估。______分(0~10 分)

(2)我觉得我获得的信息还远远不够。______分(0~10 分)

(3)我获得的信息已经满足了我对该商品评估的信息需求。______分(0~10分)

C3. 在浏览该商品评价信息的过程中：(0分表示：完全不同意；10分表示：完全同意)

(1)我认为评价者等级越高，评价内容越可信。______分(0~10分)

(2)我主要关注了一下评价的主要态度。______分(0~10分)

(3)我觉得评价信息越长，应该越可信。______分(0~10分)

C4. 在浏览该商品评价信息的过程中：(0分表示：完全不同意；10分表示：完全同意)

(1)我比较仔细地阅读了评价的细节内容。______分(0~10分)

(2)阅读时，我有停下来考虑评价内容的可靠性。______分(0~10分)

(3)阅读时，我有停下来考虑评价内容的真实性。______分(0~10分)

C5. 浏览了商品的评价信息后，现在整体来说，我对于该商品的态度(0分表示：完全不同意；10分表示：完全同意)

(1)具有两面性。______分(0~10分)

(2)具有冲突性。______分(0~10分)

(3)难以下决定。______分(0~10分)

D. 第6章实验测量问卷

实验一：

D1-1. 浏览了该商品的信息页面后，整体来说，我对于该商品的态度(0分表示：完全不同意 10分表示：完全同意)

(1)具有两面性。______分(0~10分)

(2)具有冲突性。______分(0~10分)

(3)难以下决定。______分(0~10分)

D1-2. 我对于是否购买该商品的问题：A. 继续考虑　B. 放弃考虑

实验二：

D2-1. 此时，整体来说，我对于该商品的态度(0分表示：完全不同意；10分表示：完全同意)

(1)具有两面性。______分(0~10分)

(2)具有冲突性。______分(0~10分)

(3)难以下决定。______分(0~10分)

D2-2. 浏览更新的商品评价信息时，在浏览负面评价信息的过程中：(0分表示：完全不同意 10分表示：完全同意)

(1)我认为评价者等级越高，评价内容越可信。______分(0~10分)

(2)我主要关注了一下评价的主要态度。______分(0~10分)

(3)我觉得评价信息越长，应该越可信。______分(0~10分)

D2-3. 浏览更新的商品评价信息时，在浏览负面评价信息的过程中：(0分表示：完全不同意；10分表示：完全同意)

(1)我比较仔细地阅读了评价的细节内容。______分(0~10分)

(2)阅读时，我有停下来考虑评价内容的可靠性。______分(0~10分)

(3)阅读时，我有停下来考虑评价内容的真实性。______分(0~10分)

D2-4. 浏览了更新的商品评价信息后，此时，整体来说，我对于该商品的态度(0分表示：完全不同意；10分表示：完全同意)

(1)具有两面性。______分(0~10分)

(2)具有冲突性。______分(0~10分)

(3)难以下决定。______分(0~10分)

D2-5. 浏览了最新的商品评价信息后，此时，整体来说，我对于该商品的态度(0分表示：完全不同意；10分表示：完全同意)

(1)具有两面性。______分(0~10分)
(2)具有冲突性。______分(0~10分)
(3)难以下决定。______分(0~10分)

实验三：

D3-1. 整体来说，我对于该商品的态度(0分表示：完全不同意；10分表示：完全同意)
(1)具有两面性。______分(0~10分)
(2)具有冲突性。______分(0~10分)
(3)难以下决定。______分(0~10分)
D3-2. 浏览了更新的商品评价信息后，此时，整体来说，我对于该商品的态度(0分表示：完全不同意；10分表示：完全同意)
(1)具有两面性。______分(0~10分)
(2)具有冲突性。______分(0~10分)
(3)难以下决定。______分(0~10分)
D3-3. 浏览了最新的商品评价信息后，此时，整体来说，我对于该商品的态度(0分表示：完全不同意；10分表示：完全同意)
(1)具有两面性。______分(0~10分)
(2)具有冲突性。______分(0~10分)
(3)难以下决定。______分(0~10分)

注：实验组使用测量题项D3-1、D3-2、D3-3；参照组一使用测量题项D3-1、D3-2；参照组二使用测量题项D3-1、D3-3。

附录 2　实验使用的设计页面部分截图

附录图 3-1　天猫商家商品页面

附录图 3-2　集市商家商品页面

附录图 3-3　商品展示视频

附录图 3-4　动态 flash 展示

附录图 3-5　较高水平售后(5 年)

附录图 3-6　较低水平售后(2 年)

附录图 3-7 客观性纯正面口碑(高确定性水平下)

附录图 3-8 客观性纯正面口碑(低确定性水平下)

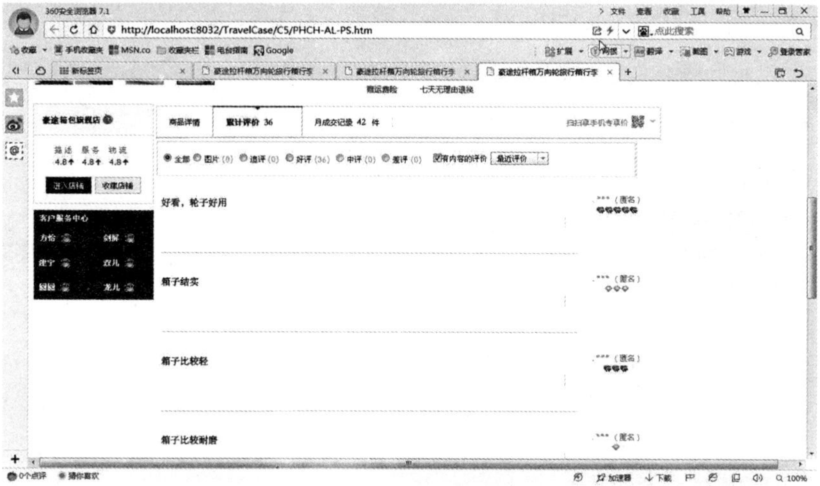

附录图 3-9　主观性纯正面口碑(高确定性水平下)

附录图 3-10　主观性纯正面口碑(低确定性水平下)

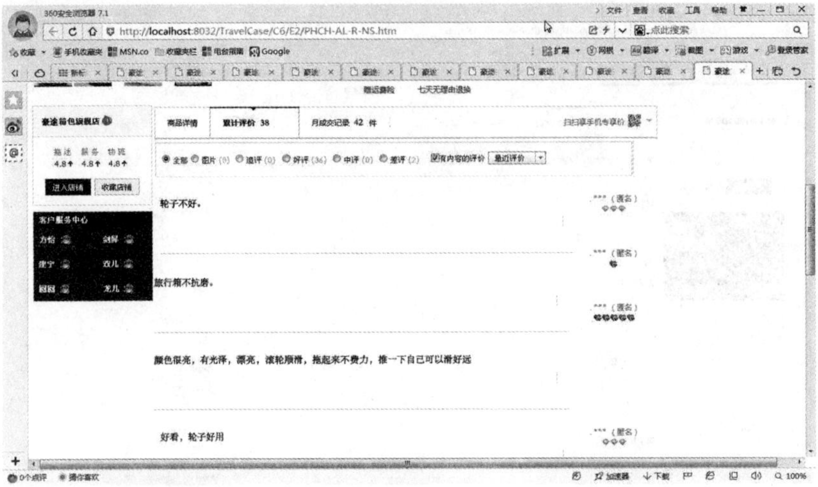

附录图 3-11 包含 1 倍主观负面口碑集(高确定性水平下)

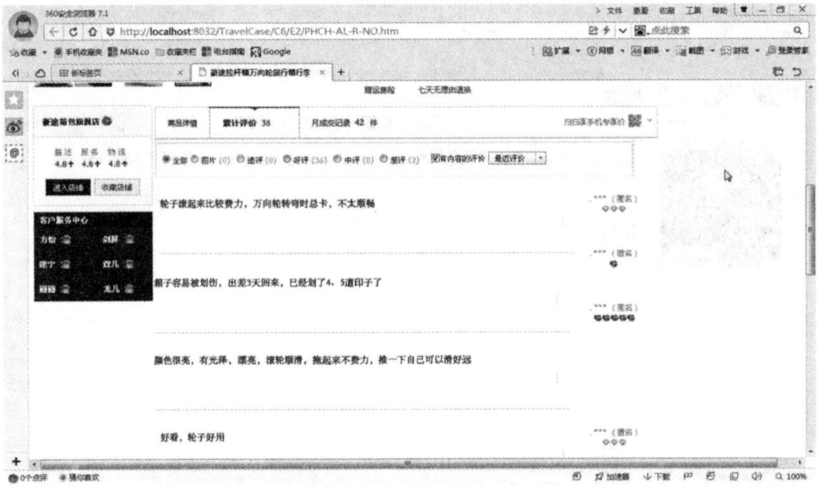

附录图 3-12 包含 1 倍客观负面口碑集(高确定性水平下)

附录图 3-13　包含 2 倍主观负面口碑集(高确定性水平下)

附录图 3-14　包含 2 倍客观负面口碑集(高确定性水平下)

参考文献

[1] Abelson R. P. Conviction [J]. American Psychologist, 1988, 43 (4): 267-275.

[2] Abelson R. P. Attitude Extremity [J]//Petty R. E., Krosnick J. A. (eds). Attitude Strength: Antecedents and Consequences, Mahwah NJ: Lawrence Erlbaum Associates, 1995: 25-41.

[3] Ahluwalia R., Burnkrant R. E., Unnava H. R. Consumer Response to Negative Publicity: The Moderating Role of Commitment [J]. Journal of Marketing Research, 2000, 37(2): 203-214.

[4] Ajzen I. The Directive Influence of Attitudes on Behavior [J]// Gollwitzer P. M., Bargh J. A. (eds). The Psychology of Action: Linking Cognition and Motivation to Behavior. New York, NY, US: Guilford Press, 1996: 385-403.

[5] Alba J., Lynch J., Weitz B., et al. Interactive Home Shopping: Consumer, Retailer, and Manufacturer Incentives to Participate in Electronic Marketplaces [J]. The Journal of Marketing, 1997, 61 (3): 38-53.

[6] Alden D. L., Stayman D. M., Hoyer W. D. Evaluation Strategies of American and Thai Consumers [J]. Psychology & Marketing, 1994, 11(2): 145-161.

[7] Ariely D. Controlling the Information Flow: Effects on Consumers' Decision Making and Preferences [J]. Journal of Consumer Research, 2000, 27(2): 233-248.

[8] Ariff M. S. M., Sylvester M., Zakuan N., et al. Consumer Perceived Risk, Attitude and Online Shopping Behaviour; Empirical

Evidence from Malaysia, IOP Conference Series: Materials Science and Engineering: IOP Publishing, 2014: 1-11.

[9] Armitage C. J. Beyond Attitudinal Ambivalence: Effects of Belief Homogeneity on Attitude-Intention-Behaviour Relations [J]. European Journal of Social Psychology, 2003, 33(4): 551-563.

[10] Armitage C. J., Conner M. Attitudinal Ambivalence: A Test of Three Key Hypotheses [J]. Personality and Social Psychology Bulletin, 2000, 26(11): 1421-1432.

[11] Arndt J. Role of Product-Related Conversations in the Diffusion of a New Product [J]. Journal of Marketing Research, 1967, 4(3): 291-295.

[12] Babad E. Y., Ariav A., Rosen I., et al. Perseverance of Bias as a Function of Debriefing Conditions and Subjects' Confidence [J]. Social Behaviour, 1987, 2(3): 185-193.

[13] Bacon F. The New Organon and Related Writings[M]. New York: Liberal Arts Press, 1960.

[14] Baloglu S., Pekcan Y. A. The Website Design and Internet Site Marketing Practices of Upscale and Luxury Hotels in Turkey [J]. Tourism Management, 2006, 27(1): 171-176.

[15] Barden J., Petty R. E. The Mere Perception of Elaboration Creates Attitude Certainty: Exploring the Thoughtfulness Heuristic [J]. Journal of Personality and Social Psychology, 2008, 95(3): 489-509.

[16] Bauer R. A. Consumer Behavior as Risk Taking [J]//Cox D. (ed). Risk Taking and Information Handling in Consumer Behavior. Cambridge, MA: Harvard University Press, 1967: 398-410.

[17] Belanger F., Hiller J. S., Smith W. J. Trustworthiness in Electronic Commerce: The Role of Privacy, Security, and Site Attributes [J]. The Journal of Strategic Information Systems, 2002, 11(3): 245-270.

[18] Bem D. J. Self-Perception: An Alternative Interpretation of Cogni-

tive Dissonance Phenomena [J]. Psychological Review, 1967, 74 (3): 183-200.

[19] Benassi P. Truste: An Online Privacy Seal Program [J]. Communications of the ACM, 1999, 42(2): 56-59.

[20] Benbasat I., Wang W. Trust in and Adoption of Online Recommendation Agents [J]. Journal of the Association for Information Systems, 2005, 6(3): 72-101.

[21] Berger I. E., Mitchell A. A. The Effect of Advertising on Attitude Accessibility, Attitude Confidence, and the Attitude-Behavior Relationship [J]. Journal of Consumer Research, 1989, 16(3): 269-279.

[22] Bettman J. R. Perceived Risk and Its Components: A Model and Empirical Test [J]. Journal of Marketing Research, 1973, 10 (2): 184-190.

[23] Bhabha H. Of Mimicry and Man: The Ambivalence of Colonial Discourse [J]. October, 1984, 28(1): 125-133.

[24] Bhatnagar A., Ghose S. A Latent Class Segmentation Analysis of E-Shoppers [J]. Journal of Business Research, 2004a, 57(7): 758-767.

[25] Bhatnagar A., Ghose S. Segmenting Consumers Based on the Benefits and Risks of Internet Shopping [J]. Journal of Business Research, 2004b, 57(12): 1352-1360.

[26] Biswas D., Biswas A. The Diagnostic Role of Signals in the Context of Perceived Risks in Online Shopping: Do Signals Matter More on the Web? [J]. Journal of Interactive Marketing, 2004, 18(3): 30-45.

[27] Bizer G. Y., Tormala Z. L., Rucker D. D., et al. Memory-Based Versus on-Line Processing: Implications for Attitude Strength [J]. Journal of Experimental Social Psychology, 2006, 42(5): 646-653.

[28] Bohner G., Erb H. -P., Siebler F. Information Processing Ap-

proaches to Persuasion Integrating Assumptions from the Dual- and Single- Processing Perspectives [J]//Crano W. D., Prislin R. (eds). Attitudes and Attitude Change. New York: Psychology Press, 2011: 161-188.

[29] Bohner G., Moskowitz G. B., Chaiken S. The Interplay of Heuristic and Systematic Processing of Social Information [J]. European Review of Social Psychology, 1995, 6(1): 33-68.

[30] Bohner G., Ruder M., Erb H. P. When Expertise Backfires: Contrast and Assimilation Effects in Persuasion [J]. British Journal of Social Psychology, 2002, 41(4): 495-519.

[31] Bordens K. S., Abbott B. B. 研究设计与方法[M]. 上海: 上海人民出版社, 2008.

[32] Bower G. H. Mood and Memory [J]. American Psychologist, 1981, 36(2): 129-148.

[33] Breckler S. J. A Comparison of Numerical Indexes for Measuring Attitude Ambivalence [J]. Educational and Psychological Measurement, 1994, 54(3): 350-365.

[34] Cacioppo J. T., Petty R. E. The Elaboration Likelihood Model of Persuasion [J]. Advances in Consumer Research, 1984, 11(1): 673-675.

[35] Cacioppo J. T., Petty R. E., Morris K. J. Effects of Need for Cognition on Message Evaluation, Recall, and Persuasion [J]. Journal of Personality and Social Psychology, 1983, 45(4): 805-818.

[36] Cases A. S. Perceived Risk and Risk-Reduction Strategies in Internet Shopping [J]. The International Review of Retail, Distribution and Consumer Research, 2002, 12(4): 375-394.

[37] Caudill E. M., Murphy P. E. Consumer Online Privacy: Legal and Ethical Issues [J]. Journal of Public Policy & Marketing, 2000, 19(1): 7-19.

[38] Celsi R. L., Olson J. C. The Role of Involvement in Attention and Comprehension Processes [J]. Journal of Consumer Research,

1988, 15(2): 210-224.

[39] Chaiken S. Heuristic Versus Systematic Information Processing and the Use of Source Versus Message Cues in Persuasion [J]. Journal of Personality and Social Psychology, 1980, 39(5): 752-766.

[40] Chaiken S., Eagly A. H. Communication Modality as a Determinant of Message Persuasiveness and Message Comprehensibility [J]. Journal of Personality and Social Psychology, 1976, 34(4): 605-614.

[41] Chaiken S., Eagly A. H. Heuristic and Systematic Information Processing within and Beyond the Persuasion Context [J]//Uleman J. S., Bargh J. A. (eds). Unintended Thought. New York: Guilford, 1989.

[42] Chaiken S., Maheswaran D. Heuristic Processing Can Bias Systematic Processing: Effects of Source Credibility, Argument Ambiguity, and Task Importance on Attitude Judgment [J]. Journal of Personality and Social Psychology, 1994, 66(3): 460-473.

[43] Chen Y., Fay S., Wang Q. The Role of Marketing in Social Media: How Online Consumer Reviews Evolve [J]. Journal of Interactive Marketing, 2011, 25(2): 85-94.

[44] Chen Y., Liu Y., Zhang J. When Do Third-Party Product Reviews Affect Firm Value and What Can Firms Do? The Case of Media Critics and Professional Movie Reviews [J]. Journal of Marketing, 2012, 76(2): 116-134.

[45] Cheng F. F., Liu T. Y., Wu C. S. Perceived Risks and Risk Reduction Strategies in Online Group-Buying [C]. Diversity, Technology, and Innovation for Operational Competitiveness: Proceedings of the 2013 International Conference on Technology Innovation and Industrial Management, 2013: 18-25.

[46] Cheung C. M. K., Lee M. K. O., Rabjohn N. The Impact of Electronic Word-of-Mouth: The Adoption of Online Opinions in Online Customer Communities [J]. Internet Research, 2008, 18(3):

229-247.

[47]Cheung C. M. K., Thadani D. R. The Effectiveness of Electronic Word-of-Mouth Communication: A Literature Analysis[C]. 23rd Bled eConference: eTrust: Implications for the Individual, Enterprises and Society, 2010: 329-345.

[48]Cheung M. Y., Luo C., Sia C. L., et al. Credibility of Electronic Word-of-Mouth: Informational and Normative Determinants of on-Line Consumer Recommendations [J]. International Journal of Electronic Commerce, 2009, 13(4): 9-38.

[49]Chevalier J. A., Mayzlin D. The Effect of Word of Mouth on Sales: Online Book Reviews [J]. Journal of Marketing Research, 2006, 43(3): 345-354.

[50]Childers T. L., Carr C. L., Peck J., et al. Hedonic and Utilitarian Motivations for Online Retail Shopping Behavior [J]. Journal of Retailing, 2002, 77(4): 511-535.

[51]Clarke K., Belk R. W. The Effects of Product Involvement and Task Definition on Anticipated Consumer Effort [J]. Advances in Consumer Research, 1979, 6(1): 33-49.

[52]Clarkson J. J., Tormala Z. L., Rucker D. D. A New Look at the Consequences of Attitude Certainty: The Amplification Hypothesis [J]. Journal of Personality and Social Psychology, 2008, 95(4): 810-825.

[53]Clayton D. A., Griffith C. J., Price P., et al. Food Handlers' Beliefs and Self-Reported Practices [J]. International Journal of Environmental Health Research, 2002, 12(1): 25-39.

[54]Clemons E. K., Gao G. G., Hitt L. M. When Online Reviews Meet Hyperdifferentiation: A Study of the Craft Beer Industry [J]. Journal of Management Information Systems, 2006, 23(2): 149-171.

[55]Conner M., Armitage C. J. Attitudinal Ambivalence [J]. In: Crano W., Prislin R. (eds), Attitudes and Attitude Change, New

York: Psychology Press, 2011: 261-286.

[56] Conner M., Sheeran P., Norman P., et al. Temporal Stability as a Moderator of Relationships in the Theory of Planned Behaviour [J]. British Journal of Social Psychology, 2000, 39(4): 469-493.

[57] Conner M., Sparks P. Ambivalence and Attitudes [J]. European Review of Social Psychology, 2002, 12(1): 37-70.

[58] Conner M., Sparks P., Povey R., et al. Moderator Effects of Attitudinal Ambivalence on Attitude - Behaviour Relationships [J]. European Journal of Social Psychology, 2002, 32(5): 705-718.

[59] Corner A., Whitmarsh L., Xenias D. Uncertainty, Scepticism and Attitudes Towards Climate Change: Biased Assimilation and Attitude Polarisation [J]. Climatic Change, 2012, 114(3-4): 463-478.

[60] Costarelli S., Colloca P. The Effects of Attitudinal Ambivalence on Pro-Environmental Behavioural Intentions [J]. Journal of Environmental Psychology, 2004, 24(3): 279-288.

[61] Crano W. D., Prislin R. Attitudes and Persuasion [J]. Annu. Rev. Psychol, 2006, 57(1): 345-374.

[62] Crespo A. H., del Bosque I. R., de los Salmones Sanchez M. G. The Influence of Perceived Risk on Internet Shopping Behavior: A Multidimensional Perspective [J]. Journal of Risk Research, 2009, 12(2): 259-277.

[63] Cristobal E., Flavián C., Guinaliu M. Perceived E-Service Quality (Pesq): Measurement Validation and Effects on Consumer Satisfaction and Web Site Loyalty [J]. Managing Service Quality, 2007, 17(3): 317-340.

[64] Dabholkar P. A., Sheng X. Consumer Participation in Using Online Recommendation Agents: Effects on Satisfaction, Trust, and Purchase Intentions [J]. The Service Industries Journal, 2012, 32(9): 1433-1449.

[65] Darke P. R., Chaiken S., Bohner G., et al. Accuracy Motivation, Consensus Information, and the Law of Large Numbers: Effects on Attitude Judgment in the Absence of Argumentation [J]. Personality and Social Psychology Bulletin, 1998, 24(11): 1205-1215.

[66] Davis F. D. Perceived Usefulness, Perceived Ease of Use, and User Acceptance of Information Technology [J]. MIS Quarterly, 1989, 13(3): 319-340.

[67] Dellarocas C. Reputation Mechanism Design in Online Trading Environments with Pure Moral Hazard [J]. Information Systems Research, 2005, 16(2): 209-230.

[68] Dellarocas C., Gao G., Narayan R. Are Consumers More Likely to Contribute Online Reviews for Hit or Niche Products? [J]. Journal of Management Information Systems, 2010, 27(2): 127-158.

[69] Dellarocas C., Zhang X. M., Awad N. F. Exploring the Value of Online Product Reviews in Forecasting Sales: The Case of Motion Pictures [J]. Journal of Interactive Marketing, 2007, 21(4): 23-45.

[70] Doh S. J., Hwang J. S. How Consumers Evaluate Ewom (Electronic Word-of-Mouth) Messages [J]. Cyber Psychology & Behavior, 2009, 12(2): 193-197.

[71] Doll J., Ajzen I. Accessibility and Stability of Predictors in the Theory of Planned Behavior [J]. Journal of Personality and Social Psychology, 1992, 63(5): 754-765.

[72] Doll W. J., Hendrickson A., Deng X. Using Davis's Perceived Usefulness and Ease-of-Use Instruments for Decision Making: A Confirmatory and Multigroup Invariance Analysis [J]. Decision Sciences, 1998, 29(4): 839-869.

[73] Doolin B., Dillon S., Thompson F., et al. Perceived Risk, the Internet Shopping Experience and Online Purchasing Behavior: A New Zealand Perspective [J]. Journal of Global Information Man-

agement (JGIM), 2005, 13(2): 66-88.

[74]Dowling G. R. Perceived Risk: The Concept and Its Measurement [J]. Psychology & Marketing, 1986, 3(3): 193-210.

[75]Duan W., Gu B., Whinston A. B. Do Online Reviews Matter? — an Empirical Investigation of Panel Data [J]. Decision Support Systems, 2008a, 45(4): 1007-1016.

[76]Duan W., Gu B., Whinston A. B. The Dynamics of Online Word-of-Mouth and Product Sales—An Empirical Investigation of the Movie Industry [J]. Journal of Retailing, 2008b, 84(2): 233-242.

[77]Eagly A. H., Chaiken S. The Psychology of Attitudes[M]. Harcourt Brace Jovanovich College Publishers, 1993.

[78]Eagly A. H., Chaiken S. Attitude Strength, Attitude Structure, and Resistance to Change [J]. In: Petty R. E., Krosnick J. A. (eds). Attitude Strength: Antecedents and Consequences, Hillsdale. NJ, England: Lawrence Erlbaum Associates, 1995: 413-432.

[79]Earp J. B., Baumer D. Innovative Web Use to Learn About Consumer Behavior and Online Privacy [J]. Communications of the ACM, 2003, 46(4): 81-83.

[80]Edwards J. A. The Interactive Effects of Processing Preference and Motivation on Information Processing: Causal Uncertainty and the Mbti in a Persuasion Context [J]. Journal of Research in Personality, 2003, 37(2): 89-99.

[81]Erber M. W., Hodges S. D., Wilson T. D. Attitude Strength, Attitude Stability, and the Effects of Analyzing Reasons [J]. In: Erber M. W., Hodges S. D., Wilson T. D., Petty R. E., Krosnick J. A. (eds), Attitude Strength: Antecedents and Consequences, Hillsdale, NJ, England: Lawrence Erlbaum Associates, Inc, 1995: 433-454.

[82]Fazio R. H. Motives for Social Comparison: The Construction-

Validation Distinction [J]. Journal of Personality and Social Psychology, 1979, 37(10): 1683-1698.

[83] Fazio R. H. Self-Perception Theory: A Current Perspective [J]. In: Zanna M. P., Olson J. M. (eds). Social Influence: The Ontario Symposium, Hillsdale. NJ, England: Lawrence Erlbaum Associates, 1987: 129-150.

[84] Fazio R. H., Zanna M. P. Attitudinal Qualities Relating to the Strength of the Attitude-Behavior Relationship [J]. Journal of Experimental Social Psychology, 1978a, 14(4): 398-408.

[85] Fazio R. H., Zanna M. P. On the Predictive Validity of Attitudes: The Roles of Direct Experience and Confidence1 [J]. Journal of Personality, 1978b, 46(2): 228-243.

[86] Feldman S., Zaller J. The Political Culture of Ambivalence: Ideological Responses to the Welfare State [J]. American Journal of Political Science, 1992, 36(1): 268-307.

[87] Feng J., Papatla P. Advertising: Stimulant or Suppressant of Online Word of Mouth? [J]. Journal of Interactive Marketing, 2011, 25(2): 75-84.

[88] Feng J., Papatla P. Is Online Word of Mouth Higher for New Models or Redesigns? An Investigation of the Automobile Industry [J]. Journal of Interactive Marketing, 2012, 26(2): 92-101.

[89] Forman C., Ghose A., Wiesenfeld B. Examining the Relationship between Reviews and Sales: The Role of Reviewer Identity Disclosure in Electronic Markets [J]. Information Systems Research, 2008, 19(3): 291-313.

[90] Forsythe S., Liu C., Shannon D., et al. Development of a Scale to Measure the Perceived Benefits and Risks of Online Shopping [J]. Journal of Interactive Marketing, 2006, 20(2): 55-75.

[91] Forsythe S. M., Shi B. Consumer Patronage and Risk Perceptions in Internet Shopping [J]. Journal of Business Research, 2003, 56(11): 867-875.

[92] French J. R. P. (1940). Behavior in Organized and Unorganized Groups under Conditions of Frustration and Fear[D]. Harvard University.

[93] Gardner P. L. Measuring Ambivalence to Science [J]. Journal of Research in Science Teaching, 1987, 24(3): 241-247.

[94] Garretson J. A., Clow K. E. The Influence of Coupon Face Value on Service Quality Expectations, Risk Perceptions and Purchase Intentions in the Dental Industry [J]. Journal of Services Marketing, 1999, 13(1): 59-72.

[95] Gefen D., Straub D. W. The Relative Importance of Perceived Ease of Use in Is Adoption: A Study of E-Commerce Adoption [J]. Journal of the Association for Information Systems, 2000, 1(1): 1-28.

[96] Ghose A., Ipeirotis P. G. Estimating the Helpfulness and Economic Impact of Product Reviews: Mining Text and Reviewer Characteristics [J]. Knowledge and Data Engineering, IEEE Transactions on, 2011, 23(10): 1498-1512.

[97] Glaeser E. L., Sunstein C. R. Why Does Balanced News Produce Unbalanced Views? [R]. National Bureau of Economic Research, 2013.

[98] Goldsmith R. E., Emmert J. Measuring Product Category Involvement: A Multitrait-Multimethod Study [J]. Journal of Business Research, 1991, 23(4): 363-371.

[99] González M. E. A., Comesaña L. R., Brea J. A. F. Assessing Tourist Behavioral Intentions through Perceived Service Quality and Customer Satisfaction [J]. Journal of Business Research, 2007, 60(2): 153-160.

[100] Grabner-Kraeuter S. The Role of Consumers' Trust in Online-Shopping [J]. Journal of Business Ethics, 2002, 39(1-2): 43-50.

[101] Graham S., Golan S. Motivational Influences on Cognition: Task

Involvement, Ego Involvement, and Depth of Information Processing [J]. Journal of Educational Psychology, 1991, 83(2): 187-194.

[102] Greenwald A. G., Leavitt C. Audience Involvement in Advertising: Four Levels [J]. Journal of Consumer Research, 1984, 11(1): 581-592.

[103] Greitemeyer T., Fischer P., Frey D., et al. Biased Assimilation: The Role of Source Position [J]. European Journal of Social Psychology, 2009, 39(1): 22-39.

[104] Griffin R. J., Dunwoody S., Neuwirth K. Proposed Model of the Relationship of Risk Information Seeking and Processing to the Development of Preventive Behaviors [J]. Environmental Research, 1999, 80(2): S230-S245.

[105] Griffin R. J., Neuwirth K., Giese J., et al. Linking the Heuristic-Systematic Model and Depth of Processing [J]. Communication Research, 2002, 29(6): 705-732.

[106] Gross S. R., Holtz R., Miller N. Attitude Certainty [J]. In: Petty R. E., Crosnick J. A. (eds), Attitude Strength: Antecedents and Consequences, Mahwah NJ: Lawrence Erlbaum Associates, 1995: 215-245.

[107] Häubl G., Trifts V. Consumer Decision Making in Online Shopping Environments: The Effects of Interactive Decision Aids [J]. Marketing Science, 2000, 19(1): 4-21.

[108] Hafer C. L., Reynolds K. L., Obertynski M. A. Message Comprehensibility and Persuasion: Effects of Complex Language in Counterattitudinal Appeals to Laypeople [J]. Social Cognition, 1996, 14(4): 317-337.

[109] Has R. G., Katz I., Rizzo N., et al. When Racial Ambivalence Evokes Negative Affect, Using a Disguised Measure of Mood [J]. Personality and Social Psychology Bulletin, 1992, 18(6): 786-797.

[110] Hassan A. M., Kunz M. B., Pearson A. W., et al. Conceptualization and Measurement of Perceived Risk in Online Shopping [J]. Marketing Management Journal, 2006, 16(1): 138-147.

[111] Hastie R., Park B. The Relationship between Memory and Judgment Depends on Whether the Judgment Task Is Memory-Based or on-Line [J]. Psychological Review, 1986, 93(3): 258-268.

[112] Heitmann M., Lehmann D. R., Herrmann A. Choice Goal Attainment and Decision and Consumption Satisfaction [J]. Journal of Marketing Research, 2007, 44(2): 234-250.

[113] Henderson R., Divett M. J. Perceived Usefulness, Ease of Use and Electronic Supermarket Use [J]. International Journal of Human-Computer Studies, 2003, 59(3): 383-395.

[114] Hennig-Thurau T., Gwinner K. P., Walsh G., et al. Electronic Word-of-Mouth Via Consumer-Opinion Platforms: What Motivates Consumers to Articulate Themselves on the Internet? [J]. Journal of Interactive Marketing, 2004, 18(1): 38-52.

[115] Herr P. M., Kardes F. R., Kim J. Effects of Word-of-Mouth and Product-Attribute Information on Persuasion: An Accessibility-Diagnosticity Perspective [J]. Journal of Consumer Research, 1991, 17(4): 454-462.

[116] Hodson G., Maio G. R., Esses V. M. The Role of Attitudinal Ambivalence in Susceptibility to Consensus Information [J]. Basic and Applied Social Psycho-logy, 2001, 23(3): 197-205.

[117] Holland R. W., Verplanken B., van Knippenberg A. From Repetition to Conviction: Attitude Accessibility as a Determinant of Attitude Certainty [J]. Journal of Experimental Social Psychology, 2003, 39(6): 594-601.

[118] Hu N., Bose I., Koh N. S. Manipulation of Online Reviews: An Analysis of Ratings, Readability, and Sentiments [J]. Decision Support Systems, 2012, 52(3): 674-684.

[119] Hu N., Liu L., Zhang J. J. Do Online Reviews Affect Product

Sales? The Role of Reviewer Characteristics and Temporal Effects [J]. Information Technology and Management, 2008, 9(3): 201-214.

[120] Hu N., Pavlou P. A., Zhang J. Can Online Reviews Reveal a Product's True Quality?: Empirical Findings and Analytical Modeling of Online Word-of-Mouth Communication. Proceedings of the 7th ACM Conference on Electronic Commerce: ACM, 2006: 324-330.

[121] Huang J. H., Chen Y. F. Herding in Online Product Choice [J]. Psychology & Marketing, 2006, 23(5): 413-428.

[122] Jacoby J., Kaplan L. B. The Components of Perceived Risk [J]. Advances in Consumer Research, 1972, 3(3): 382-383.

[123] Jansen B. J., Zhang M., Sobel K., et al. Twitter Power: Tweets as Electronic Word of Mouth [J]. Journal of the American Society for Information Science and Technology, 2009, 60(11): 2169-2188.

[124] Johnson R. D., Levin I. P. More Than Meets the Eye: The Effect of Missing Information on Purchase Evaluations [J]. Journal of Consumer Research, 1985, 12(2): 169-177.

[125] Jonas K., Broemer P., Diehl M. Attitudinal Ambivalence [J]. European Review of Social Psychology, 2000, 11(1): 35-74.

[126] Jonas K., Diehl M., Brömer P. Effects of Attitudinal Ambivalence on Information Processing and Attitude-Intention Consistency [J]. Journal of Experimental Social Psychology, 1997, 33(2): 190-210.

[127] Kachadourian L. K., Fincham F., Davila J. Attitudinal Ambivalence, Rumination, and Forgiveness of Partner Transgressions in Marriage [J]. Personality and Social Psychology Bulletin, 2005, 31(3): 334-342.

[128] Kahan D. M. Ideology, Motivated Reasoning, and Cognitive Reflection [J]. Judgment and Decision Making, 2013, 8(4): 407-

424.

[129] Kaplan K. J. On the Ambivalence-Indifference Problem in Attitude Theory and Measurement: A Suggested Modification of the Semantic Differential Technique [J]. Psychological Bulletin, 1972, 77(6): 361-372.

[130] Katz I., Hass R. G. Racial Ambivalence and American Value Conflict: Correlational and Priming Studies of Dual Cognitive Structures [J]. Journal of Personality and Social Psychology, 1988, 55(6): 893-905.

[131] Katz I., Wackenhut J., Hass R. G. Racial Ambivalence, Value Duality, and Behavior [J]. In: Dovidio J. F., Gaertner S. L. (eds). Prejudice, Discrimination, and Racism, San Diego. CA, US: Academic Press, 1986: 35-59.

[132] Keil M., Beranek P. M., Konsynski B. R. Usefulness and Ease of Use: Field Study Evidence Regarding Task Considerations [J]. Decision Support Systems, 1995, 13(1): 75-91.

[133] Kiecker P., Cowles D. Interpersonal Communication and Personal Influence on the Internet: A Framework for Examining Online Word-of-Mouth [J]. Journal of Euromarketing, 2002, 11(2): 71-88.

[134] Kim J., Lennon S. J. Effects of Reputation and Website Quality on Online Consumers' Emotion, Perceived Risk and Purchase Intention: Based on the Stimulus-Organism-Response Model [J]. Journal of Research in Interactive Marketing, 2013, 7(1): 33-56.

[135] Kim K., Prabhakar B. Initial Trust, Perceived Risk, and the Adoption of Internet Banking [C]. Proceedings of the twenty first international conference on Information systems, 2000: 537-543.

[136] Ko D. G., Kirsch L. J., King W. R. Antecedents of Knowledge Transfer from Consultants to Clients in Enterprise System Implementations [J]. MIS Quarterly, 2005, 29(1): 59-85.

[137] Koh N. S., Hu N., Clemons E. K. Do Online Reviews Reflect a Product's True Perceived Quality? An Investigation of Online Movie Reviews across Cultures [J]. Electronic Commerce Research and Applications, 2010, 9(5): 374-385.

[138] Korfiatis N., García-Bariocanal E., Sánchez-Alonso S. Evaluating Content Quality and Helpfulness of Online Product Reviews: The Interplay of Review Helpfulness vs. Review Content [J]. Electronic Commerce Research and Applications, 2012, 11(3): 205-217.

[139] Krosnick J. A., Petty R. E. Attitude Strength: An Overview [J]. Attitude Strength: Antecedents and Consequences, 1995, 4: 1-24.

[140] Krosnick J. A., Schuman H. Attitude Intensity, Importance, and Certainty and Susceptibility to Response Effects [J]. Journal of Personality and Social Psychology, 1988, 54(6): 940-952.

[141] Kruglanski A. W., Freund T. The Freezing and Unfreezing of Lay-Inferences: Effects on Impressional Primacy, Ethnic Stereotyping, and Numerical Anchoring [J]. Journal of Experimental Social Psychology, 1983, 19(5): 448-468.

[142] Lüscher K., Pillemer K. Intergenerational Ambivalence: A New Approach to the Study of Parent-Child Relations in Later Life [J]. Journal of Marriage and the Family, 1998, 60(2): 413-425.

[143] Lavine H. The Electoral Consequences of Ambivalence toward Presidential Candidates [J]. American Journal of Political Science, 2001, 45(4): 915-929.

[144] Lavine H., Borgida E., Sullivan J. L. On the Relationship between Attitude Involvement and Attitude Accessibility: Toward a Cognitive-Motivational Model of Political Information Processing [J]. Political Psychology, 2000, 21(1): 81-106.

[145] Lee G. -G., Lin H. -F. Customer Perceptions of E-Service Quality in Online Shopping [J]. International Journal of Retail & Dis-

tribution Management, 2005, 33(2): 161-176.

[146] Lee J., Lee J. -N. Understanding the Product Information Inference Process in Electronic Word-of-Mouth: An Objectivity - Subjectivity Dichotomy Perspective [J]. Information & Management, 2009, 46(5): 302-311.

[147] Lee J., Park D. -H., Han I. The Effect of Negative Online Consumer Reviews on Product Attitude: An Information Processing View [J]. Electronic Commerce Research and Applications, 2008, 7(3): 341-352.

[148] Lee K. S., Tan S. J. E-Retailing Versus Physical Retailing: A Theoretical Model and Empirical Test of Consumer Choice [J]. Journal of Business Research, 2003, 56(11): 877-885.

[149] Lee M., Youn S. Electronic Word of Mouth (Ewom) How Ewom Platforms Influence Consumer Product Judgement [J]. International Journal of Advertising, 2009, 28(3): 473-499.

[150] Lees L. The Ambivalence of Diversity and the Politics of Urban Renaissance: The Case of Youth in Downtown Portland, Maine [J]. International Journal of Urban and Regional Research, 2003, 27(3): 613-634.

[151] Li X., Hitt L. M. Price Effects in Online Product Reviews: An Analytical Model and Empirical Analysis [J]. MIS Quarterly, 2010, 34(4): 809-831.

[152] Lockshin L. S., Spawton A. L., Macintosh G. Using Product, Brand and Purchasing Involvement for Retail Segmentation [J]. Journal of Retailing and Consumer Services, 1997, 4(3): 171-183.

[153] Lord C. G., Lepper M. R., Preston E. Considering the Opposite: A Corrective Strategy for Social Judgment [J]. Journal of Personality and Social Psychology, 1984, 47(6): 1231-1243.

[154] Lord C. G., Ross L., Lepper M. R. Biased Assimilation and Attitude Polarization the Effects of Prior Theories on Subsequently

Considered Evidence [J]. Journal of Personality and Social Psychology, 1979, 37(11): 12.

[155] Luo X., Li H., Zhang J., et al. Examining Multi-Dimensional Trust and Multi-Faceted Risk in Initial Acceptance of Emerging Technologies: An Empirical Study of Mobile Banking Services [J]. Decision Support Systems, 2010, 49(2): 222-234.

[156] Lynch Jr J. G., Ariely D. Wine Online: Search Costs Affect Competition on Price, Quality, and Distribution [J]. Marketing Science, 2000, 19(1): 83-103.

[157] Maheswaran D., Chaiken S. Promoting Systematic Processing in Low-Motivation Settings: Effect of Incongruent Information on Processing and Judgment [J]. Journal of Personality and Social Psychology, 1991, 61(1): 13-25.

[158] Maio G. R., Bell D. W., Esses V. M. Ambivalence and Persuasion: The Processing of Messages about Immigrant Groups [J]. Journal of Experimental Social Psychology, 1996, 32(6): 513-536.

[159] Markus H. R. Pride, Prejudice, and Ambivalence: Toward a Unified Theory of Race and Ethnicity [J]. American Psychologist, 2008, 63(8): 651-670.

[160] Matthes J., Morrison K. R., Schemer C. A Spiral of Silence for Some: Attitude Certainty and the Expression of Political Minority Opinions [J]. Communication Research, 2010, 37(6): 774-800.

[161] McGraw K. M., Hasecke E., Conger K. Ambivalence, Uncertainty, and Processes of Candidate Evaluation [J]. Political Psychology, 2003, 24(3): 421-448.

[162] McHoskey J. W. Case Closed? On the John F. Kennedy Assassination: Biased Assimilation of Evidence and Attitude Polarization [J]. Basic and Applied Social Psychology, 1995, 17(3): 395-409.

[163] Mitcham C. The Concept of Sustainable Development: Its Origins and Ambivalence [J]. Technology in Society, 1995, 17(3): 311-326.

[164] Mitchell A. A. Involvement: A Potentially Important Mediator of Consumer Behavior [J]. Advances in Consumer Research, 1979, 6(1): 191-196.

[165] Mitchell V. W. Consumer Perceived Risk: Conceptualisations and Models [J]. European Journal of Marketing, 1999, 33(1/2): 163-195.

[166] Miyazaki A. D., Fernandez A. Internet Privacy and Security: An Examination of Online Retailer Disclosures [J]. Journal of Public Policy & Marketing, 2000, 19(1): 54-61.

[167] Miyazaki A. D., Fernandez A. Consumer Perceptions of Privacy and Security Risks for Online Shopping [J]. Journal of Consumer Affairs, 2001, 35(1): 27-44.

[168] Moe W. W., Trusov M. The Value of Social Dynamics in Online Product Ratings Forums [J]. Journal of Marketing Research, 2011, 48(3): 444-456.

[169] Mudambi S. M., Schuff D. What Makes a Helpful Online Review? A Study of Customer Reviews on Amazon. Com [J]. MIS Quarterly, 2010, 34(1): 185-200.

[170] Mudambi S. M., Schuff D. What Makes a Helpful Online Review? A Study of Customer Reviews on Amazon. Com [J]. Management Information Systems Quarterly, 2010, 34(1): 11.

[171] Munro G. D., Ditto P. H. Biased Assimilation, Attitude Polarization, and Affect in Reactions to Stereotype-Relevant Scientific Information [J]. Personality and Social Psychology Bulletin, 1997, 23(6): 636-653.

[172] Munro G. D., Ditto P. H., Lockhart L. K., et al. Biased Assimilation of Sociopolitical Arguments: Evaluating the 1996 US Presidential Debate [J]. Basic and Applied Social Psychology,

2002, 24(1): 15-26.

[173] Nan X. The Influence of Source Credibility on Attitude Certainty: Exploring the Moderating Effects of Timing of Source Identification and Individual Need for Cognition [J]. Psychology & Marketing, 2009, 26(4): 321-332.

[174] Nelson P. Information and Consumer Behavior [J]. The Journal of Political Economy, 1970, 78(2): 311-329.

[175] Nelson P. Advertising as Information [J]. The Journal of Political Economy, 1974, 82(4): 729-754.

[176] Ng A. H., Hynie M., MacDonald T. K. Culture Moderates the Pliability of Ambivalent Attitudes [J]. Journal of Cross-Cultural Psychology, 2012, 43(8): 1313-1324.

[177] Ni M., McCalley J. D., Vittal V., et al. Online Risk-Based Security Assessment [J]. Power Systems, IEEE Transactions on, 2003, 18(1): 258-265.

[178] Noelle-Neumann E. The Spiral of Silence a Theory of Public Opinion [J]. Journal of Communication, 1974, 24(2): 43-51.

[179] Olsen S. O., Prebensen N., Larsen T. A. Including Ambivalence as a Basis for Benefit Segmentation: A Study of Convenience Food in Norway [J]. European Journal of Marketing, 2009, 43 (5/6): 762-783.

[180] Olsen S. O., Wilcox J., Olsson U. Consequences of Ambivalence on Satisfaction and Loyalty [J]. Psychology & Marketing, 2005, 22(3): 247-269.

[181] Orive R. Group Consensus, Action Immediacy, and Opinion Confidence [J]. Personality and Social Psychology Bulletin, 1988, 14(3): 573-577.

[182] Otnes C., Lowrey T. M., Shrum L. Toward an Understanding of Consumer Ambivalence [J]. Journal of Consumer Research, 1997, 24(1): 80-93.

[183] Park C. -H., Kim Y. -G. Identifying Key Factors Affecting Con-

sumer Purchase Behavior in an Online Shopping Context [J]. International Journal of Retail & Distribution Management, 2003, 31(1): 16-29.

[184] Park D. -H., Kim S. The Effects of Consumer Knowledge on Message Processing of Electronic Word-of-Mouth Via Online Consumer Reviews [J]. Electronic Commerce Research and Applications, 2009, 7(4): 399-410.

[185] Park D. H., Kim S. The Effects of Consumer Knowledge on Message Processing of Electronic Word-of-Mouth Via Online Consumer Reviews [J]. Electronic Commerce Research and Applications, 2009, 7(4): 399-410.

[186] Park D. H., Lee J. Ewom Overload and Its Effect on Consumer Behavioral Intention Depending on Consumer Involvement [J]. Electronic Commerce Research and Applications, 2009, 7(4): 386-398.

[187] Pavlou P. A., Dimoka A. The Nature and Role of Feedback Text Comments in Online Marketplaces: Implications for Trust Building, Price Premiums, and Seller Differentiation [J]. Information Systems Research, 2006, 17(4): 392-414.

[188] Pavlou P. A., Liang H., Xue Y. Understanding and Mitigating Uncertainty in Online Exchange Relationships: A Principal-Agent Perspective [J]. MIS Quarterly, 2007, 31(1): 105-136.

[189] Penz E., Hogg M. K. The Role of Mixed Emotions in Consumer Behaviour: Investigating Ambivalence in Consumers' Experiences of Approach-Avoidance Conflicts in Online and Offline Settings [J]. European Journal of Marketing, 2011, 45(1/2): 104-132.

[190] Peter J. P., Ryan M. J. An Investigation of Perceived Risk at the Brand Level [J]. Journal of Marketing Research, 1976, 13(2): 184-188.

[191] Petrocelli J. V., Tormala Z. L., Rucker D. D. Unpacking Attitude Certainty: Attitude Clarity and Attitude Correctness [J].

Journal of Personality and Social Psychology, 2007, 92(1): 30-41.
[192]Petty R. E., Briñol P., Tormala Z. L., et al. The Role of Meta-Cognition in Social Judgment [J]//Kruglanski A. W., Higgins E. T. (eds). Social Psychology: Handbook of Basic Principles (2nd Ed.). New York, US: Guilford Press, 2007: 254-284.
[193]Petty R. E., Cacioppo J. T. Issue Involvement Can Increase or Decrease Persuasion by Enhancing Message-Relevant Cognitive Responses [J]. Journal of Personality and Social Psychology, 1979, 37(10): 1915-1926.
[194]Petty R. E., Cacioppo J. T. The Elaboration Likelihood Model of Persuasion [J]. Advances in Experimental Social Psychology, 1986, 19: 123-205.
[195]Petty R. E., Cacioppo J. T. Involvement and Persuasion: Tradition Versus Integration [J]. Psychological Bulletin, 1990, 107(3): 367-374.
[196]Petty R. E., Harkins S. G., Williams K. D. The Effects of Group Diffusion of Cognitive Effort on Attitudes: An Information-Processing View [J]. Journal of Personality and Social Psychology, 1980, 38(1): 81-92.
[197]Petty R. E., Haugtvedt C. P., Smith S. M. Elaboration as a Determinant of Attitude Strength: Creating Attitudes That Are Persistent, Resistant, and Predictive of Behavior [J]//Petty R. E., Krosnick J. A. (eds). Attitude Strength: Antecedents and Consequences. Mahwah, NJ: Erlbaum, 1995: 93-130.
[198]Petty R. E., Priester J. R., Wegener D. T. Cognitive Processes in Attitude Change [J]//Wyer R. S. J., Srull T. K. (eds). Handbook of Social Cognition. Hillsdale, NJ, England: Lawrence Erlbaum Associates, 1994: 69-142.
[199]Petty R. E., Tormala Z. L., Briñol P., et al. Implicit Ambivalence from Attitude Change: An Exploration of the Past Model

[J]. Journal of Personality and Social Psychology, 2006, 90(1): 21-41.

[200] Phelps J. E., Lewis R., Mobilio L., et al. Viral Marketing or Electronic Word-of-Mouth Advertising: Examining Consumer Responses and Motivations to Pass Along Email [J]. Journal of Advertising Research, 2004, 44(4): 333-348.

[201] Pillemer K., Suitor J. J. Explaining Mothers' Ambivalence toward Their Adult Children [J]. Journal of Marriage and Family, 2002, 64(3): 602-613.

[202] Pires G., Stanton J., Eckford A. Influences on the Perceived Risk of Purchasing Online [J]. Journal of Consumer Behaviour, 2004, 4(2): 118-131.

[203] Pornpitakpan C. The Persuasiveness of Source Credibility: A Critical Review of Five Decades' Evidence [J]. Journal of Applied Social Psychology, 2004, 34(2): 243-281.

[204] Povey R., Wellens B., Conner M. Attitudes Towards Following Meat, Vegetarian and Vegan Diets: An Examination of the Role of Ambivalence [J]. Appetite, 2001, 37(1): 15-26.

[205] Priester J. R., Petty R. E. The Gradual Threshold Model of Ambivalence: Relating the Positive and Negative Bases of Attitudes to Subjective Ambivalence [J]. Journal of Personality and Social Psychology, 1996, 71(3): 431-449.

[206] Priester J. R., Petty R. E. Extending the Bases of Subjective Attitudinal Ambivalence: Interpersonal and Intrapersonal Antecedents of Evaluative Tension [J]. Journal of Personality and Social Psychology, 2001, 80(1): 19-34.

[207] Priester J. R., Petty R. E., Park K. Whencé Univalent Ambivalence? From the Anticipation of Conflicting Reactions [J]. Journal of Consumer Research, 2007, 34(1): 11-21.

[208] Röhr A., Lüddecke K., Drusch S., et al. Food Quality and Safety — Consumer Perception and Public Health Concern [J]. Food

Control, 2005, 16(8): 649-655.

[209] Richins M. L., Bloch P. H. After the New Wears Off: The Temporal Context of Product Involvement [J]. Journal of Consumer Research, 1986: 280-285.

[210] Rohm A. J., Swaminathan V. A Typology of Online Shoppers Based on Shopping Motivations [J]. Journal of Business Research, 2004, 57(7): 748-757.

[211] Ross Jr W. T., Creyer E. H. Making Inferences About Missing Information: The Effects of Existing Information [J]. Journal of Consumer Research, 1992, 19(1): 14-25.

[212] Rucker D. D., Petty R. E. When Resistance Is Futile: Consequences of Failed Counterarguing for Attitude Certainty [J]. Journal of Personality and Social Psychology, 2004, 86(2): 219-235.

[213] Rucker D. D., Petty R. E., Briñol P. What's in a Frame Anyway?: A Meta-Cognitive Analysis of the Impact of One Versus Two Sided Message Framing on Attitude Certainty [J]. Journal of Consumer Psychology, 2008, 18(2): 137-149.

[214] Rucker D. D., Tormala Z. L., Petty R. E., et al. Consumer Conviction and Commitment: An Appraisal-Based Framework for Attitude Certainty [J]. Journal of Consumer Psychology, 2014, 24(1): 119-136.

[215] Rudolph T. J., Popp E. An Information Processing Theory of Ambivalence [J]. Political Psychology, 2007, 28(5): 563-585.

[216] Saadé R., Bahli B. The Impact of Cognitive Absorption on Perceived Usefulness and Perceived Ease of Use in on-Line Learning: An Extension of the Technology Acceptance Model [J]. Information & Management, 2005, 42(2): 317-327.

[217] Schindler R. M., Bickart B. Perceived Helpfulness of Online Consumer Reviews: The Role of Message Content and Style [J]. Journal of Consumer Behaviour, 2012, 11(3): 234-243.

[218]Schlosser A. E. Can Including Pros and Cons Increase the Helpfulness and Persuasiveness of Online Reviews? The Interactive Effects of Ratings and Arguments [J]. Journal of Consumer Psychology, 2011, 21(3): 226-239.

[219]Schlosser A. E., White T. B., Lloyd S. M. Converting Web Site Visitors into Buyers: How Web Site Investment Increases Consumer Trusting Beliefs and Online Purchase Intentions [J]. Journal of Marketing, 2006, 70(2): 133-148.

[220]Scott W. A. Brief Report: Measures of Cognitive Structure [J]. Multivariate Behavioral Research, 1966, 1(3): 391-395.

[221]Scott W. A. Structure of Natural Cognitions [J]. Journal of Personality and Social Psychology, 1969, 12(4): 261-278.

[222]Senecal S., Nantel J. The Influence of Online Product Recommendations on Consumers' Online Choices [J]. Journal of Retailing, 2004, 80(2): 159-169.

[223]Shaughnessy J. J., Zechmeister E. B., Zechmeister J. S. 心理学研究方法[M]. 北京: 人民邮电出版社, 2010.

[224]Sher P. J., Lee S. H. Consumer Skepticism and Online Reviews: An Elaboration Likelihood Model Perspective [J]. Social Behavior and Personality: an International Journal, 2009, 37(1): 137-143.

[225]Simon H. A. Information Processing Models of Cognition [J]. Annual Review of Psychology, 1979, 30(1): 363-396.

[226]Sivadas E., Baker-Prewitt J. L. An Examination of the Relationship between Service Quality, Customer Satisfaction, and Store Loyalty [J]. International Journal of Retail & Distribution Management, 2000, 28(2): 73-82.

[227]Smith D. B. The Economics of Information: An Empirical Approach to Nelson's Search-Experience Framework [J]. Journal of Public Policy & Marketing, 1990, 9: 111-128.

[228]Sorensen A. T., Rasmussen S. J. Is Any Publicity Good Publici-

ty? A Note on the Impact of Book Reviews, NBER Working Paper, Stanford University, 2004.

[229] Sparks P., Conner M., James R., et al. Ambivalence about Health-Related Behaviours: An Exploration in the Domain of Food Choice [J]. British Journal of Health Psychology, 2001, 6 (1): 53-68.

[230] Steffes E. M., Burgee L. E. Social Ties and Online Word of Mouth [J]. Internet Research, 2009, 19(1): 42-59.

[231] Stone R. N., Gronhaug K. Perceived Risk: Further Considerations for the Marketing Discipline [J]. European Journal of Marketing, 1993, 27(3): 39-50.

[232] Subramanian G. H. A Replication of Perceived Usefulness and Perceived Ease of Use Measurement [J]. Decision Sciences, 1994, 25(5-6): 863-874.

[233] Swaminathan V., Lepkowska-White E., Rao B. P. Browsers or Buyers in Cyberspace? An Investigation of Factors Influencing Electronic Exchange [J]. Journal of Computer-Mediated Communication, 1999, 5(2): 1-23.

[234] Tetlock P. E. Accountability and the Perseverance of First Impression [J]. Social Psychology Quarterly, 1983, 46(4): 8.

[235] Thompson M. M., Naccarato M. E., Parker K. C., et al. The Personal Need for Structure and Personal Fear of Invalidity Measures: Historical Perspectives, Current Applications, and Future Directions [J]//Moskowitz G. B. (ed). Cognitive Social Psychology: The Princeton Symposium on the Legacy and Future of Social Cognition. Mahwah, NJ, US: Lawrence Erlbaum Associates 2001: 19-39.

[236] Thompson M. M., Zanna M. P. The Conflicted Individual: Personality-Based and Domain Specific Antecedents of Ambivalent Social Attitudes [J]. Journal of Personality, 1995, 63(2): 259-288.

[237] Thompson M. M., Zanna M. P., Griffin D. W. Let's Not Be Indifferent About (Attitudinal) Ambivalence [J]//Petty R. E., Krosnick J. A. (eds). Attitude Strength: Antecedents and Consequences. New York: Psychology Press, 1995: 361-386.

[238] Thurstone L. L. Attitude Can Be Measured [J]. American Journal of Sociology, 1928, 33(4): 529-554.

[239] Tiedens L. Z., Linton S. Judgment under Emotional Certainty and Uncertainty: The Effects of Specific Emotions on Information Processing [J]. Journal of Personality and Social Psychology, 2001, 81(6): 973.

[240] Tormala Z. L., Clarkson J. J., Petty R. E. Resisting Persuasion by the Skin of One's Teeth: The Hidden Success of Resisted Persuasive Messages [J]. Journal of Personality and Social Psychology, 2006, 91(3): 423-435.

[241] Tormala Z. L., Petty R. E. What Doesn't Kill Me Makes Me Stronger: The Effects of Resisting Persuasion on Attitude Certainty [J]. Journal of Personality and Social Psychology, 2002, 83(6): 1298-1313.

[242] Tormala Z. L., Petty R. E. Source Credibility and Attitude Certainty: A Metacognitive Analysis of Resistance to Persuasion [J]. Journal of Consumer Psychology, 2004, 14(4): 427-442.

[243] Tormala Z. L., Rucker D. D. Attitude Certainty: A Review of Past Findings and Emerging Perspectives [J]. Social and Personality Psychology Compass, 2007, 1(1): 469-492.

[244] Trumbo C. W. Heuristic-Systematic Information Processing and Risk Judgment [J]. Risk Analysis, 1999, 19(3): 391-400.

[245] Trumbo C. W., Mccomas K. A. The Function of Credibility in Information Processing for Risk Perception [J]. Risk Analysis, 2003, 23(2): 343-353.

[246] Tsai J. Y., Egelman S., Cranor L., et al. The Effect of Online Privacy Information on Purchasing Behavior: An Experimental

Study [J]. Information Systems Research, 2011, 22(2): 254-268.

[247]Tsai Y. C., Yeh J. C. Perceived Risk of Information Security and Privacy in Online Shopping: A Study of Environmentally Sustainable Products [J]. African Journal of Business Management, 2010, 4(18): 4057-4066.

[248]Tuu H. H., Olsen S. O. Ambivalence and Involvement in the Satisfaction-Repurchase Loyalty Relationship [J]. Australasian Marketing Journal (AMJ), 2010, 18(3): 151-158.

[249]Udo G. J. Privacy and Security Concerns as Major Barriers for E-Commerce: A Survey Study [J]. Information Management & Computer Security, 2001, 9(4): 165-174.

[250]Van den Poel D., Leunis J. Consumer Acceptance of the Internet as a Channel of Distribution [J]. Journal of Business Research, 1999, 45(3): 249-256.

[251]Visser P. S., Mirabile R. R. Attitudes in the Social Context: The Impact of Social Network Composition on Individual-Level Attitude Strength [J]. Journal of Personality and Social Psychology, 2004, 87(6): 779-795.

[252]Voss J. P., Newig J., Kastens B., et al. Steering for Sustainable Development: A Typology of Problems and Strategies with Respect to Ambivalence, Uncertainty and Distributed Power [J]. Journal of Environmental Policy & Planning, 2007, 9(3-4): 193-212.

[253]Walther J. B., DeAndrea D., Kim J., et al. The Influence of Online Comments on Perceptions of Antimarijuana Public Service Announcements on Youtube [J]. Human Communication Research, 2010, 36(4): 469-492.

[254]Wang L., Morison K. Implementation of Online Security Assessment [J]. Power and Energy Magazine, IEEE, 2006, 4(5): 46-59.

[255] Watts S. A., Zhang W. Capitalizing on Content: Information Adoption in Two Online Communities [J]. Journal of the Association for Information Systems, 2008, 9(2): 73-94.

[256] Weary G., Jacobson J. A. Causal Uncertainty Beliefs and Diagnostic Information Seeking [J]. Journal of Personality and Social Psychology, 1997, 73(4): 839.

[257] Wegener D. T., Downing J., Krosnick J. A., et al. Measures and Manipulations of Strength-Related Properties of Attitudes: Current Practice and Future Directions [J]//Petty R. E., Krosnick J. A. (eds). Attitude Strength: Antecedents and Consequences. Hillsdale, NJ, England: Lawrence Erlbaum Associates, 1995: 455-487.

[258] Wiebe J., Riloff E. Creating Subjective and Objective Sentence Classifiers from Unannotated Texts [M]. Springer Berlin Heidelberg: Computational Linguistics and Intelligent Text Processing, 2005.

[259] Wien A. H., Olsen S. O. Evaluation Context's Role in Driving Positive Word-of-Mouth Intentions [J]. Journal of Consumer Behaviour, 2012, 11(6): 504-513.

[260] Wilson T. D., Dunn D. S., Kraft D., et al. Introspection, Attitude Change, and Attitude-Behavior Consistency: The Disruptive Effects of Explaining Why We Feel the Way We Do [J]//Berkowitz L. (ed). Advances in Experimental Social Psychology. San Diego, CA, US: Academic Press, 1989: 287-343.

[261] Wilson T. D., Lindsey S., Schooler T. Y. A Model of Dual Attitudes [J]. Psychological Review, 2000, 107(1): 101-126.

[262] Wirtz J. Halo in Customer Satisfaction Measures: The Role of Purpose of Rating, Number of Attributes and Customer Involvement [J]. International Journal of Service Industry Management, 2003, 14(1): 96-119.

[263] Wolfinbarger M., Gilly M. C. Shopping Online for Freedom, Con-

trol, and Fun [J]. California Management Review, 2001, 43(2): 34-55.

[264] Wood W., Kallgren C. A., Preisler R. M. Access to Attitude-Relevant Information in Memory as a Determinant of Persuasion: The Role of Message Attributes [J]. Journal of Experimental Social Psychology, 1985, 21(1): 73-85.

[265] Wright P. The Harassed Decision Maker: Time Pressures, Distractions, and the Use of Evidence [J]. Journal of Applied Psychology, 1974, 59(5): 555-589.

[266] Wu S. -I. An Experimental Study on the Relationship between Consumer Involvement and Advertising Effectiveness [J]. Asia Pacific Journal of Marketing and Logistics, 2001, 13(1): 43-56.

[267] Wu Y. Online Reviews and Consumers' willingness to Pay: The Role of Uncertainty[D]. Louisiana State University, 2012.

[268] Yang J., Hu X., Zhang H. Effects of a Reputation Feedback System on an Online Consumer-to-Consumer Auction Market [J]. Decision Support Systems, 2007, 44(1): 93-105.

[269] Yang S. C., Hung W. C., Sung K., et al. Investigating Initial Trust toward E-Tailers from the Elaboration Likelihood Model Perspective [J]. Psychology & Marketing, 2006, 23(5): 429-445.

[270] Ye Q., Law R., Gu B. The Impact of Online User Reviews on Hotel Room Sales [J]. International Journal of Hospitality Management, 2009, 28(1): 180-182.

[271] Zaichkowsky J. L. Measuring the Involvement Construct [J]. Journal of Consumer Research, 1985: 341-352.

[272] Zaichkowsky J. L. Conceptualizing Involvement [J]. Journal of Advertising, 1986, 15(2): 4-34.

[273] Zeithaml V. A., Parasuraman A., Malhotra A. Service Quality Delivery through Web Sites: A Critical Review of Extant Know-

ledge [J]. Journal of the Academy of Marketing Science, 2002, 30(4): 362-375.

[274] Zemborain M. R., Johar G. V. Attitudinal Ambivalence and Openness to Persuasion: A Framework for Interpersonal Influence [J]. Journal of Consumer Research, 2007, 33(4): 506-514.

[275] Zhang J. Q., Craciun G., Shin D. When Does Electronic Word-of-Mouth Matter? A Study of Consumer Product Reviews [J]. Journal of Business Research, 2010, 63(12): 1336-1341.

[276] Zhang L., Tan W., Xu Y., et al. Dimensions of Consumers' Perceived Risk and Their Influences on Online Consumers' Purchasing Behavior [J]. Communications in Information Science and Management Engineering, 2012.

[277] Zhang P., Von Dran G. M. Satisfiers and Dissatisfiers: A Two-Factor Model for Website Design and Evaluation [J]. Journal of the American Society for Information Science, 2000, 51(14): 1253-1268.

[278] Zhang W., Watts S. A. Capitalizing on Content: Information Adoption in Two Online Communities [J]. Journal of the Association for Information Systems, 2008, 9(2): 73-94.

[279] Zhang Z., Ye Q., Law R., et al. The Impact of E-Word-of-Mouth on the Online Popularity of Restaurants: A Comparison of Consumer Reviews and Editor Reviews [J]. International Journal of Hospitality Management, 2010, 29(4): 694-700.

[280] Zhou T. Understanding Users' Initial Trust in Mobile Banking: An Elaboration Likelihood Perspective [J]. Computers in Human Behavior, 2012, 28(4): 1518-1525.

[281] Zhu F., Zhang X. Impact of Online Consumer Reviews on Sales: The Moderating Role of Product and Consumer Characteristics [J]. Journal of Marketing, 2010, 74(2): 133-148.

[282] Ziai A. The Ambivalence of Post-Development: Between Reactionary Populism and Radical Democracy [J]. Third World Quar-

terly, 2004, 25(6): 1045-1060.

[283]查金祥，陈明亮. 网络商店服务质量与消费者购物意愿关系[J]. 经济管理，2005(19): 51-55.

[284]冯小亮，黄敏学，张音. 矛盾消费者的态度更容易受外界影响吗——不同态度成分的变化差异性研究[J]. 南开管理评论，2013，16(1): 92-101.

[285]贺和平，周志民. 基于消费者体验的在线购物价值研究[J]. 商业经济与管理，2013，257(3): 63-72.

[286]侯杰泰，温忠麟，成子娟. 结构方程模型及其应用[M]. 北京：教育科学出版社，2004.

[287]黄敏学，冯小亮，谢亭亭. 消费者态度的新认知：二元化的矛盾态度[J]. 心理科学进展，2010，18(6): 987-996.

[288]黄敏学，谢亭亭，冯小亮. 矛盾的消费者是如何解读多元化口碑信息的? [J]. 心理学报，2010，42(10): 998-1010.

[289]金立印. 网络口碑信息对消费者购买决策的影响：一个实验研究[J]. 经济管理，2008(22): 36-42.

[290]李宏，喻葵，夏景波. 负面在线评论对消费者网络购买决策的影响：一个实验研究[J]. 情报杂志，2011，30(5): 202-206.

[291]殷国鹏. 消费者认为怎样的在线评论更有用? ——社会性因素的影响效应[J]. 管理世界，2012(12): 115-124.

[292]殷国鹏，刘雯雯，祝珊. 网络社区在线评论有用性影响模型研究——基于信息采纳与社会网络视角[J]. 图书情报工作，2012，56(16): 140-147.

[293]张向丽. 艾瑞咨询：2014q2 中国网络购物市场交易规模为 6287.6 亿元，单季度渗透率突破 10%. [2014-08-11]. http://report.iresearch.cn/html/20140725/235336.shtml.

[294]中国互联网络信息中心. 2013 年中国网络购物市场研究报告. http://www. cnnic. net. cn/hlwfzyj/hlwxzbg/dzswbg/201404/P020140421360912597676.pdf,2014.